Alles endet, aber nie die Musik!

Die wollen nur spielen!

Lass die spielen, lass die spielen!

Wo die guten Jungs an schlechten Orten,

ohne Hoffnung ohne Sorgen, nasenblutend sechs Uhr morgens spielen zu dem Beat.

Alles endet, aber nie die Musik!

Alles endet, aber nie die Musik!

Alles endet …

alles endet …

alles endet …

aber nie die Musik.

(Casper 2013)


Ich möchte ein Eisbär sein

Im kalten Polar

Dann müsste ich nicht mehr schrei'n

Alles wär so klar

Ich möchte ein Eisbär sein

Im kalten Polar

Dann müsste ich nicht mehr schrei'n

Alles wär so klar


Eisbär'n müssen nie weinen


Eisbär'n müssen nie weinen

Eisbär'n müssen nie weinen

Eisbär'n müssen nie weinen

(Grauzone 1981)

An der Umgehungsstrasse

Kurz vor den Mauern unserer Stadt

Steht eine Nervenklinik

Wie sie noch keiner gesehen hat.

Sie hat das Fassungsvermoegen saemtlicher Einkaufszentren der Stadt.

Geh'n dir die Nerven durch

Wirst do noch verrueckter gemacht.

Hey

Hey

Hey

Ich war der goldene Reiter.

(Joachim Witt 1981)


VORWORT - ALL RIGHT NOW (FREE 1970)

Aus einer facebook-Notiz vom September 2015: Warum heißt Allerweltsschlager von Andreas Bourani bis Tim Bendzko "Neuer Deutscher Pop"?? Der ME hats in seiner Oktober-Ausgabe erkannt: Neue Deutsche Scheißmusik... Nur gut, das es Made in Germany 2015 noch Culcha Candela oder Grönemeyer gibt :-D

In diesem kleinen Büchlein versammeln sich facebook-Notizen aus den Jahren 2012 - 2017, hauptsächlich über Musik. Die Notizen wurden - zu 91,2% - original übernommen, d.h. in einer Notiz wurde Bob Dylan noch zum Literaturnobelpreis vorgeschlagen, in einer anderen Notiz hat er ihn, den Literaturnobelpreis. Es sind Momentums, Gedanken und Meinungen in diesem Augenblick des Schreibens. Dadurch ergaben sich immer wieder Wiederholungen: das z.B. die Dark Side Of The Moon mein Lieblingsalbum ist, sollte nach der Lektüre dieses

Buches definitiv klar sein, lach... Desweiteren sind Notizen, die außerhalb von fb entstanden, dokumentiert: z.B. die 44 empfehlenswerten LPs, die ich 1983 niederschrieb, oder das letzte Kapitel dieses Buches: STORY OF ROCK - ein Abriss von den 50ern bis 90ern!

Außen vor in dieser Schreibe sind mit Absicht politische Themen! Ein Kapitel wie "Die Stille des Mondes" schon, aber nichts über Merkel und Trump, Obama und Putin....

Ich wünsche Ihnen/Euch viel Spaß bei der Lektüre des Soundtracks meines Lebens. Über das Jahr 1973 (Whisky In The Jar /Thin Lizzy), diversen musikalischen History-Abrissen (von Abba bis ZZ Top), Lieblingsalben, Lieblingssongs oder Gedanken über den Samstag oder die Zeit, über das Leben... Auf ein Inhaltsverzeichnis wird verzichtet, einfach schmökern... Mosaiksteinchen meines Life-Soundtracks. Irgendwo ist ja vielleicht auch Dein/Ihr Lieblingssong versteckt, lach :-D

Annweiler am Trifels, Januar 2017


Den ZUUUGAAABE-Beitrag schon beim Vorwort, lach...

COVER-Versionen können sehr interessant sein: Nehmen wir Proud Mary... Ist das Cover von Ike & Tina Turner nicht besser als das Original von Creedence Clearwater Revival? Bei Bob Dylan-Songs ist es schon normal, das die Covers besser sind: All Along The Watchtower (Jimi Hendrix), This Wheels On Fire (Julie Driscoll), Like A Rolling Stone (Rolling Stones), Mr. Tambourine Man (Byrds).... Joe Cocker ist ein Cover-Spezialist, er übernahm z.B. Songs von Lovin´ Spoonful (Summer In The City), The Beatles (With A Little Help From My Friends)... Oder Manfred Mann´s Earthband: sie coverten z.B. Blinded By The Light von Bruce Springsteen. Mehr Original und Covers im SONGS-Kapitel...

VIDEO KILLED THE RADIO STAR von den Buggles war die erste Nummer, die beim Musiksender MTV lief. Großartige Videoclips entstanden, visuell und künstlerisch hochwertig, einige Beispiele seien genannt mit True Faith (New Order), Wild Boys (Duran Duran), Take On Me (A Ha), California Love (2Pac), Don´t Speak (No Doubt, mit der unvergleichlichen Gwen Stefani), Cream (Prince), Like A Prayer (Madonna), Sowing The Seeds Of Love (Tears For Fears), um nur wenige zu nennen. Oder die Michael Jackson-Sachen wie Beat It, Billy Jean, Black or White und natürlich der ultimative Videoclip Thriller. Aber auch gestandene Rockstars widmeten sich dem Videogenre: Metallica mit Enter Sandman, Aerosmith mit Crazy oder vorallem Guns n Roses: You Could Be Mine, November Rain, Welcome to The Jungle... Mein Lieblingsvideo ist Beds Are Burning von Midnight Oil! MTV 2017? Legen wir den Mantel des Schweigens drüber... Dafür ist auf you tube immer wieder großartiges zu finden: seien es die Bee Gees Live mit Nights On Broadway in The Midnight Special 1975, oder ein S/W-Livevideo zur 1988er Neufassung von David Bowie´s Look Back In Anger usw, und natürlich massig fantastisches Konzertmaterial und Fernsehauftritte aus allen Jahrzehnten mit z.B. Elvis Presley im 50er Jahre US-TV oder Spirit mit ihrem Auftritt in den legendären Rockpalast-Nächten und und... Mmh, krieg ich jetzt eigentlich Geld von you tube für die kostenlose Werbung? Hahahaha :-D

OOOH YEAAAH (Yello)


Von alten Steinen und Havanna

GERD STEINKOENIG·DIENSTAG, 3. JANUAR 20175 Mal gelesen

An Silvester gab es auf 3Sat wieder 24 Stunden Pop Around The Clock. Ich suchte mir das Rolling Stones-Konzert von 2016 aus Havanna (Kuba) aus - sozusagen mit US-Präsident Obama als Vorgruppe, hahaha. Die Jungs, alle so um oder über 70, sind sicherlich nicht die beste Rock n Roll-Band der Welt, wie sie sich gerne selbst bezeichnen - aber die Stones sind definitiv die coolste Band der Welt. Sie beginnen mit einem Song, alles schlendert instrumental so klimperisch vor sich hin, Mick Jagger stolziert wie seit über 50 Jahren wie ein Gockel über die Bühne und es wirkt kein bisschen lächerlich. Plötzlich erhöht der Song den Drive, ein Gitarrensolo von Ron Wood tümpelt vor sich hin und verstärkt sich zu einem hypnotischen Solo, Keith Richards spielt seine gekonnten Riffs (mehr kann er nicht mehr), aber es klingt cool, lässig. Charlie Watts am Schlagzeug beobachtet von hinten seine Streuner und lächelt altersmilde. Mick Jagger röhrt und stolziert, seine Gang will doch nur spielen, soviel, was ein Straßenjunge halt kann. Ja, ja, sie sind Millionäre und über 70, aber genauso klingen sie und das ist verdammt cool. Und die Menge in Havanna tobt! Nach 20 oder 30 oder 40 oder 50 Jahre Warten tanzen sie endlich mit ihren Idolen.


The Beatles aka Fab Four

GERD STEINKOENIG·SONNTAG, 29. NOVEMBER 20154 Mal gelesen

Eines meiner ersten musikalischen Entdeckungen waren 1973/74 die Beatles! Seit ca 1969 hörte ich bewusst Musik, aber na ja, was hört man mit 9 oder 10, 11.... Middle Of The Road, ZDF-Hitparade.... 1972 die erste "Bravo", The Sweet. Slade, T. Rex.... 1973 kam die Made in Japan von Deep Purple dazu und eben die Fab Four. Zig Songs schnitt ich damals auf Casettenrecorder vom Radio mit von John, Paul, George und Ringo... Und (74 oder 75) das erste Vinyl von den Vieren: das legendäre "Weiße Album" von 1968, das die bis dato moderne Musik zusammenfasste: Helter Skelter, While My Guitar Gently Weeps, Happiness Is A Warm Gun, Revolution No 9, Birthday und und.... Ich hab auf dem Musikschrank-Plattenspieler meiner Eltern das Album verschlungen. Ich las alles über sie, was ich kriegen konnte. Noch heute bin ich von den Beatles total fasziniert. Auf dem Treppchen meiner Lieblingsbands gehören definitiv Genesis und Pink Floyd. Desweiteren gibt es noch Band-Juwelen wie Led Zeppelin, U 2, The Police, Coldplay, R.E.M., Earth Wind and Fire, Chic, Rainbow, Rolling Stones, Supertramp, Dire Straits usw etc....  Aber die Beatles sind in ihrer Art einmalig! 1962 erschien die erste Single "Love Me Do", das letzte Album erschien 1970, aber "Let It Be" wurde schon 1969 noch vor der "Abbey Road" produziert, d.h. IN NUR 7 JAHREN (!!) erschienen Albumklassiker wie "Rubber Soul", "Revolver", "Sgt. Pepper....", "The Beatles" (das Weiße Album), "Abbey Road", "Let It Be". Sie definierten in kurzer Zeit immer wieder ihren Stil neu, machten musikalische und textliche Fortschritte im Quantensprung. Es äußerte sich auch in ihrem Aussehen. Man vergleiche z.B. die Pilzköpfe-Fotos 1964 und die Fotos von z.B. 1969....Man vergleiche Songs wie "I Want To Hold Your Hand" mit "Strawberry Fields Forever"... Viele Singles kamen gar nicht auf die LPs. "Strawberry.../Penny Lane" war eine Doppel-A-Seite-Single und hatte keinen Platz mehr für auf das "Sgt. Pepper...."-Album!!! Die "Sgt. Pepper" brachte das LP-Format als Kunstform, das für mehr da ist, als für die Ansammlung von Singles. Heute hat man oft den Eindruck - gerade was den ChartsPop-Markt betrifft - die CD ist wieder nur eine Ansammlung von Singles plus Füller... Außerdem hatten die Fab Four im Gegensatz zu heute nur beschränkte technische Produktionsmittel. Zuanfangs gar nur Mono, dann Stereo mit gerademal 4Spur... Heute braucht ein große Band ca 4 Jahre von Album zu Album - in der Zeit hatten die Beatles Rubber Soul, Revolver, Sgt. Pepper... Siehe oben. In den 7 Jahren ihres Schaffens waren neben den genannten Alben noch weitere Alben wie "With The Beatles", plus die Soundtrack-Alben z.B. für "A Hard Days Night" oder "Help". 5 Filme kamen auch noch dazu - neben Hard Days und Help, wären das noch "Yellow Submarine", "Magical Mystery Tour", "Let It Be". In den 7 Jahren hatten John und George noch Zeit für Soloplatten, John schrieb außerdem 2 Bücher und wirkte im Film "Wie ich den Krieg gewann" mit. In Indien waren sie beim Guru und bekamen von der "Themse-Liese" den MBE. 1964 schafften es die Beatles auf Platz 1 bis 5 der US-Billboard-Charts gleichzeitig (!!), das wird eine Rihanna in 100 Jahren nicht hinkriegen... Nach der Auflösung der Fab Four (offiziell erst im April 1971, aber sie waren schon Ende 1969 tot), schwappte das Beatles-Charisma auch in die 1970er durch die Soloplatten von "Imagine" (John) bis "Band On The Run" (Paul). CD-Veröffentlichungen wie "Live At The BBC", neue Zusammenstellungen, die Anthology-Reihe von 1996 usw machen die Fab Four bis heute populär. Und wisst Ihr, wer das erfolgreichste Album des 21. Jahrhunderts hat? Die Beatles... "1" von 2000 hat sich bisher 38 Millionen mal verkauft. Dieser Tage erschien "1+", wo 2 DVDs beigelegt sind. Vielleicht werden es ja nochmal 38 Millionen... So, genug geschwärmt, dies war eine kleine Geschichtsstunde in Sachen The Beatles aka Fab Four. Ein Hoch auf And I Love Her, Eight Days A Week, Yesterday, Hey Jude, All You Need Is Love, A Day In The Life, Can´t Buy Me Love, Here Comes The Sun..... :-D

Beatles aka Fab Four Teil 2: Übersetzungen (3 Songs)

GERD STEINKOENIG·FREITAG, 4. DEZEMBER 20153 Mal gelesen

A day in the life deutsche Übersetzung

Ich habe die Zeitung gelesen, Oh Junge!

Über einen glücklichen Mann, der es geschafft hat

Und obwohl die Nachricht eher traurig war

Musste ich einfach lachen als

Ich das Foto gesehen habe

Er löschte sein Bewusstsein in einem Auto aus

Er nahm nicht wahr, dass die Ampellichter gewechselt haben

Ein Haufen Leute standen rum und gafften

Sie haben sein Gesicht vorher gesehen

Niemand war wirklich sicher, ob er aus dem Oberhaus kam

Ich habe heute einen Film angeschaut

Die englische Armee hat gerade den Krieg gewonnen

Eine Haufen Leute wendeten sich ab

Aber ich musste einfach hinschauen

Weil ich das Buch gelesen habe

Ich würde euch gerne anmachen...

Ich wachte auf, fiel aus dem Bett,

mit 'nem Kamm durchfuhr ich mein Haar,

fand' den Weg nach unten und trank ne' Tasse,

beim aufschauen bemerkte ich, es war schon spät,

fand meinen Mantel und schnappte meinen Hut,

schaffte den Bus so gerade eben noch,

fand' meinen Weg treppauf und rauchte eine,

jemand sprach und ich fing an zu träumen...

Ah

Ich habe die Zeitung gelesen, Oh Junge!

Viertausend Löcher in Blackburn, Lancashire

Und obwohl die Löcher eher klein waren

Mussten sie sie alle zählen

Nun wissen sie wie viele Löcher notwendig sind, um die Albert Hall zu füllen

Ich würde euch gerne anmachen...

I Am the Walrus Übersetzung

von The Beatles

Auf Facebook teilenÜbersetzung twitternAuf Google+ teilenI Am the Walrus Original Songtext

I AM THE WALRUS SONGTEXT ÜBERSETZUNG

Ich bin er,

wie du er bist,

wie du ich bist,

und wir sind alle miteinander.

Schau wie sie laufen wie Schweine vor ner Flinte,

schau wie sie fliegen.

Ich weine.

Sitz auf einem Cornflake , warte auf den Lieferwagen.

Aktiengesellschaft T-shirt , dummer blutiger Dienstag,

Mann , du warst ein schlimmer Junge,

du hast dir ein langes Gesicht wachsen laßen.

Ich bin der Eierschädel , oh sie sind die Eierschädel,

oh ich bin das Walroß , GOO GOO G'JOOB.

Herr Stadtpolizist sitzt wie'n lieber kleiner Polizist im Kittchen.

Schau wie sie fliegen wie Lucy am Himmel,

schau wie sie rennen.

Ich weine , ich weine , ich weine , ich weine.

Gelbes Zeug Vanillesoße tropft aus dem Auge eines toten Hundes.

Taschenkrebsschrank , pornografische Priesterin,

Junge , du warst ein schlimmes Mädchen,

du hast die Hosen fallen laßen.

Ich bin der Eierschädel , oh sie sind dieEierschädel,

oh ich bin das Walroß , GOO GOO G'JOOB.

Sitz in einem Englischen Garten , warte auf die Sonne,

wenn die Sonne nicht kommt,

kriegst du eine Bräune vom stehen im Englischen Regen.

Ich bin der Eierschädel , oh sie sind die Eierschädel,

oh ich bin das Walroß , GOO GOO G'JOOB.

Fachmänner Lachmänner , erstickende Raucher,

glaubt ihr nicht auch , der Joker lacht euch aus ?

Ho ho , hi hi , ha ha !

Schau wie sie lächeln wie Schweine im Stall,

schau wie sie spotteten.

Ich weine.

Weizenschrotölsardinen klettern den Eiffelturm hinauf.

Unentwickelter Pinguin singt Hare Krishna,

Mann , du hättest sehen sollen , wie die

Edgar Allen Poe verdroschen haben.

Ich bin der Eierschädel , oh sie sind die Eierschädel,

oh ich bin das Walroß , GOO GOO G'JOOB,

GOO GOO GOO JOOB GOO GOO,

GOOOOOOOOOOOJOOOOOB.


AND I LOVE HER SONGTEXT ÜBERSETZUNG

Ich gebe ihr all meine Liebe,

das ist alles, was ich tue.

Und wenn du meine Liebe sähest,

würdest du sie auch lieben.

Ich liebe sie.

Sie gibt mir alles,

ist zärtlich.

Der Kuss, der meine Liebe bringt,

den bringt sie mir.

Und ich liebe sie.

Eine Liebe wie die unsere

könnte niemals sterben,

solange ich

dich bei mir habe.

So hell die Sterne leuchten,

so dunkel ist der Himmel.

Ich weiß, dass eine Liebe wie die meine,

niemals sterben wird.

Und ich liebe sie.

So hell die Sterne leuchten,

so dunkel ist der Himmel.

Ich weiß, dass eine Liebe wie die meine,

niemals sterben wird.

Und ich liebe sie.


Emotionen eines Moments - Popgeschichte mit 13 Zitaten

5. September 2014 um 19:24

Ich bin als Beatnik ins Leben gegangen. Beatniks lehnen die Gesellschaft ab und sind enttäuscht von der Welt. Sie glauben nicht, das die Dinge besser werden. Ich bin nicht die Sprecherin meiner Generation. Ich nehme nicht mal Acid. Ich trinke. (Janis Joplin)


Wahrscheinlich der deutsche Pop-Klassiker schlechthin: Kraftwerks "Autobahn" war eine komplette Abkehr von angloamerikanischer Popkultur, enorm eigenständig, innovativ und stilprägend.


Ein knappes halbes Jahrzehnt zuvor hatten die Beatles ihren "Sgt. Pepper" noch auf vier Spuren aufgenommen, jetzt arbeiteten Pink Floyd bereits auf 16 oder gar 24 Spuren. Mehr noch, mit ausgebufften elektronischen Tricks konnte man nun die spektakulärsten Klangeffekte erzielen. Die analoge Aufnahmetechnik entwickelte sich mit Riesenschritten - und das Album war ihr ideales Medium. Meilensteine wie "The Dark Side Of The Moon" von Pink Floyd oder "Rumours" von Fleetwood Mac verbanden dabei über alle geschmacklichen Gräben hinweg.


Medienwirksam veröffentlichten Radiohead 2007 das neue Album "In Rainbows" ebenfalls zunächst im Online-Direktvertrieb. Das Werk konnte nur komplett herunter geladen werden, zu einem Preis, den die Käufer selbst bestimmten.


Pop hatte sich von der Naivität der 60er-Jahre gelöst und war scheinbar erwachsen geworden. Als Prog-Rock strebte er eine Ernsthaftigkeit an, die nichts weiter war als ein Schrei nach Liebe und Anerkennung durch die Elterngeneration, die Beat und Pop und Rock immer noch als Modeerscheinungen abtat.


Wenn du einen großartigen Song hörst, kannst du dich daran erinnern, wo du warst, als du ihn zum ersten Mal gehört hast - die Sounds, die Gerüche. Er nimmt die Emotionen eines Moments und hält sie jahrelang fest. Er transzendiert die Zeit. (Jay-Z)


Wenn man hört, was Jimmy Page mit seiner Gitarre anstellt, kann man auf der Stelle in einen anderen Bewusstseinszustand transportiert werden. (Joe Perry)


Doch auch dieser Versuch fand kein Gefallen. "Sie gaben sich einfach keine Mühe", klagte Harrison später. "Ich fuhr an dem Abend nach Hause und dachte: ´es ist einfach zum Heulen´, weil ich wusste, dass der Song verdammt gut war". (über "While My Guitar Gently Weeps")


Früher ham´s Hitler ghoaßn und Himmler, wißt´s es no, heit hoaßns Beckstein und Haider. Früher warn´s die Jud´n , heit de Türk´n... ihr schürt´s den Hass von Millionen und suachts für eure Fehler... (Hans Söllner)


Ein Samstagnachmittag im Mai 1972. Sensationelles war angekündigt. Die Rolling Stones im Beat-Club mit ihrer aktuellen Single "Tumbling Dice". Als Uschi Nerke die Band ansagte, sah man bereits im Hintergrund Mick Jaggers Kopf in Großaufnahme. Nerke entschuldigte sich noch schnell für die schlechte Tonqualität, und los ging´s.


Wobei Pop in Deutschland immer eine komische Sache war. Musik war entweder schwerer (Oper) oder leichter (Volksmusik, Schlager) als Pop, das Gewicht von Pop kannte fast nur Frank Farian, ein in den 70er-Jahren wenig beliebtes Genie. Boney M. waren für drei, vier Jahre eine Weltmacht, dann regierten wieder Provinzfürsten wie Ralph Siegel und Dieter Bohlen.


Black Sabbath: Titel des berühmten Kinofilms mit Boris Karloff (1963). Als Geezer Butler eine Warteschlange vor einem Kino sah, wo dieser Film gespielt wurde, kam ihm DIE Idee für den Bandnamen.

Sie hat Otis Reddings Song ein bisschen aufpoliert, und als sie ins Studio kam, hatte sie schon alles fix und fertig im Kopf. Kurz bevor "Respect" veröffentlicht wurde, spielte ich Otis das Band vor. Er sagte: "Sie hat mir den Song weggenommen." Er sagte es freundlich und ein bisschen wehmütig. Er wusste, dass die Identität des Songs von ihm auf sie übergehen würde. (Jerry Wexler über Aretha Franklin)

ALLE ZITATE aus Sonderheften/ beigelegten Büchlein von/in Musikexpress und Rolling Stone.

Popgeschichte in 13 Zitaten Version 2 - diesmal aus Musikbüchern

20. September 2014 um 18:05

Rocklexikon (Ausgabe 2008) über Elvis Presley:

Bis zu seinem Tod 1977 hatte Presley rund 500 Millionen LPs und Singles abgesetzt und übertraf damit jeden anderen Showstar.

Rocklexikon (Ausgabe 2008) über David Bowie:

Gemeinsam mit Brian Eno entwarf er auf "Low" und Heroes" (1977) Szenarien eines Berlin zwischen Götterdämmerung und Kristallnacht und Porträtskizzen eines Außenseiters, der in diesem Niemandsland kokett Pose bezieht.

aus Lipstick Traces (Greil Marcus):

Dies war die Krise, die sich im Cabaret Voltaire nach und nach herauskristallisierte, die Erkenntnis nämlich, daß die Bedeutungslosigkeit der Kunst und ihre Trennung von dem, was wirklich geschah, das Wahre, Schöne und Gute zum Falschen, Hässlichen und Schlechten werden ließen. Der künstlerische Impuls ließ sich nicht ausmerzen, aber seine Ausdrucksmittel waren in sich zusammengefallen: Angesichts neuer Maschinen, die die Welt veränderten, waren Farbe und Leinwand Werkzeuge eines Unternehmens, das ebenso überholt war wie die Alchimie.

aus Lipstick Traces (Greil Marcus):

"Anarchy in the U.K." ist ein Ausdruck von Selbstbestimmung, von höchster Unabhängigkeit, von Die-Dinge-selbst-in-die-Hand-nehmen, sagte Malcolm McClaren, der Manager der Sex

Pistols.

aus Nik Cohn´s Pop-History von 1969:

Schließlich kam im Sommer 1967 "Sergeant Pepper´s Lonely Hearts Club Band". Damit fand die Entwicklung ihren unausweichlichen Abschluss. Obwohl noch immer der Rock n Roll als musikalisches Gerüst verwendet wurde, griffen die Beatles hier auf alle möglichen anderen Stilrichtungen zurück - östliche Musik, Kammermusik, den Stil aus den englischen Music Halls, die modern-klassische elektronische Musik - und machten daraus eine Montage. Das ging weit über Pop hinaus, war jenseits von Instinkt und reiner Energie.

aus Rock n Roll (Arnold Shaw):

Wenn man die Aufnahmesession benennen müsste, bei der der Rock n Roll geboren wurde, dann müsste man sich wohl für den 12. April 1954 entscheiden, als Bill Haley und die Comets im Pyhtian Temple in Manhattans Westside "Rock Around The Clock" aufnahmen.

aus Frank Laufenberg´s Die besten LPs aller Zeiten:

Aber - was sagt ein Platz 1 wirklich über die Verkäufe aus? War es 1960 vielleicht einfacher, an die Spitze der LP-Hitparade zu kommen? Oder 1985? Ist es ein Beweis für die Qualität einer Platte, das sie sich besonders oft verkauft? Erfahren wir, die Konsumenten, wirklich, wie viele LPs von einem Interpreten verkauft werden - oder haut uns die Plattenindustrie Zahlen um die Ohren, bei denen der Wunsch der Vater des Gedankens ist?

aus Rock Session 1:

Bob Marley und seine Wailers hatten bei ihren Amerika-, England- und Europa-Tourneen 1975 und 1976 überwältigenden Erfolg. Marley, der seit Anfang der sechziger Jahre alle Entwicklungsstufen des Reggae miterlebt und geprägt hat, wurde, auch für das außerjamaikanische Publikum zu einer charismatischen Gestalt.

aus Sachlexikon Rockmusik (Ausgabe 1992):

Hippie ist der urbane, psychedelisch erfahrene Nachkömmling des US-amerikanischen Hobos der beginnenden sechziger Jahre.

aus Greg Shaw´s BOMP:

Jack Nitzsche ist eine der wichtigsten "Hintergrund"-Figuren der Rock-Annalen - als Produzent, Arrangeur und Autor von über fünfzig Hits, von denen viele wahre Klassiker sind.

aus POP 2000:

Ich habe immer Krachbands geliebt. Nach Deep Purple AC/DC, später habe ich heimlich Slade gehört - es musste ballern, ich mochte laute Refrains. Als Punk-Rock kam, spülte das die alten Leute nur so weg. Ich mochte nie Gitarrensoli, und plötzlich gab es die dann auch nicht mehr. Ein Lied war nach zwei Minuten zu Ende, und es war alles drin. (Campino)

Rocklexikon (Ausgabe 1990) über Sade:

"Stimmungsmusik für romantisch veranlagte Yuppies", wertete "Rolling Stone" 1984 das Debut-Album "Diamond Life" ab. Immerhin konnte Sade dafür weltweit über sieben Millionen Interessenten finden.

aus Reichert´s Fans, Gangs, Bands:

Blues

Sich auf die Bühne stellen

Anthropophobie ins Publikum blasen

Und Zugaben

Der Verfasser dieser Notiz hat über 50 Musikbücher (natürlich auch diese).

SERIEN-Legenden

GERD STEINKOENIG·MITTWOCH, 17. FEBRUAR 20163 Mal gelesen

Heutige TV-Serien stehen für ein neues Hoch des SerienGenres. HBO, netflex, amazon oder showtime sorgen mit hervorragenden Drehbuchschreibern und Hollywood-Filmstars, das manche Serie niveauvoller ist, als die meisten neuen Hollywood-Popcorntrashfilme. House Of Cards, Homeland, Sons Of Anarchy, Mad Men sollen nur wenige Beispiele sein, für Serienkultur der Gegenwart. Games Of Thrones ist überschätzte Scheiße - aber ist nur meine

Meinung ;-) Nachfolgend - subjektiv nach meinem Geschmack - Serienlegenden der Vergangenheit:

DER KOMMISSAR - Die Mutter aller ZDF-Freitagkrimis (Derrick, Der Alte, Ein Fall für Zwei, Der Kriminalist...) entstand in der Zeit des gesellschaftlichen Wandels und wurde 1969 bis 1976 ausgestrahlt. Da wurde geraucht und gesoffen - eigentlich zu jener Zeit ein normales Verhalten: Leberschaden, Lungenkrebs, was ist das? Lach ;-) Die Serie mit Erik Ode als Kommissar Keller, Fritz Wepper (wechselte als Inspektor Klein 1974 zu "Derrick" und sein Bruder Elmar Wepper übernahm seinen Part), Reinhard Glemnitz, Günter Schramm und Helma Seitz als Rehbeinchen waren die Helden. Alle Größen des Schauspiels traten auf: Von Curd Jürgens bis Lili Palmer bis Sabine Sinjen, Horst Frank oder Judy Winter oder Götz George bis Gerd Baltus war alles dabei. Es gab meistens einen soziologischen Gesellschaftsansatz: da die Jugendlichen oder neue Lebensbilder durch die 68er, dort die Gesellschaft alten Schrots, noch die Ordnung des 3. Reichs im Hinterkopf. Und Erik Ode wiegelte immer gekonnt ab. Nicht zu unterschätzen die Musik in der Serie. Lange vor "Miami Vice" waren in den meisten Episoden die "Jugendmusik" vertreten, von den Rolling Stones bis Jimi Hendrix. Lobo hatte mit "I´d love you to want me" durch die Serie einen Nr. 1-Hit. Die Les Humphries Singers traten gleich in der Serie auf. Gibt einen dicker Wälzer über "Der Kommissar", sehr zu empfehlen. Tipps: "Grauroter Morgen", "Der Papierblumenmörder", "Ratten der Großstadt", "Fährt der Zug nach Italien".

TATORT - 1970 erstmals ausgestrahlt, ist bis heute das ARD-Flagschiff. Leider kommt die Serie heute oft zu uniformiert rüber. Jede Woche ermittelt ein Team aus einer anderen Stadt, z.B. Batic/Leitmayr aus München, Ballauf/Schenk aus Köln, die Quotenbrecher aus Münster mit Axel Prahl und Jan-Josef Liefers, Maria Furtwängler aus Hannover usw etc. In den 1980ern waren die Episoden mit Götz George als Schimanski ein Straßenfeger. Sogar 2 erfolgreiche Kinofilme gab es. Die Folgen waren mal länger, beim Abspann ertönte Soundtrack statt Tatort-Melodie, die Schimanski-Folgen waren voller Action, Witz und Charme. Und klar hatte ich eine Schimanski-Jacke, lach ;-) Wenn heute Til Schweiger Action beim "Tatort" macht - die sich hinter keine US-Produktion verstecken muss!! - wird er verrissen und die Quoten sinken. Kein Wunder: dem Ü 60-Publikum der ARD ist das zu viel. Die brauchen immer die selbe Tatort-Leier. Daher hat der Tatort gegenüber Haferkamps oder Schimanskis Zeiten viel von seinem Glanz verloren. Legendär die Folge "Reifeprüfung" aus den 1970ern mit Nastassja Kinski, die danach Hollywood eroberte.

EINSATZ IN MANHATTAN (KOJAK) und COLUMBO - In den 1970ern waren die beiden US-Krimiserien absoluter Kult! Kojak (Telly Savalas) mit Lolly (zuanfangs Zigarillios mit dem Streichholz-Trick...), coolen Sprüchen und einem grandiosen Ambiente des damaligen New York City. Wenn ich heute in meinem Kopf Bilder von NY habe, sind sie meist aus dieser Serie. NY wurde ungeschminkt live gezeigt. Columbo (Peter Falk) wurde vom Zuschauer begleitet, wie er hinter den Mörder kommt, den der Zuschauer schon kannte. Die Serie bestach durch Genauigkeit und natürlich Peter Falk´s Timing und Überlegungen in den Ermittlungen. Immer unterschätzt (von Auto bis Mantel alles irgenwie zerkrumpelt) drehte er sich an der Tür beim Rausgehen urplötzlich um: "Ich hätte da noch ne Frage, Sir..." Die

ARD brachte die beiden Serienlegenden abwechselnd dienstags um 21h oder 21h45, das weiß ich nicht mehr. Als RTL die Serie "übernahm" stellte sich heraus, das die ARD die Columbo-Folgen einfach auf 45 Minuten runterkürzte - was damals keiner wusste, woher auch...

DALLAS - Als die Neuserie dieser Jahre lief (mir fehlt noch die 3. und letzte Staffel...) setzte gleich wieder die Begeisterung ein, wie in den 1980ern... Es war, als wären all die Jahre dazwischen nicht gewesen. In der Serie handelte es sich um eine schwerreiche Familie im Ölgeschäft (Ewing Oil), die vorallem durch die gegenseitigen Intrigen lebte und oft genug mit einem Cliffhanger am Schluss der jeweiligen Episode, einem lechzend machte nach dem nächsten Dienstag (auch ARD, 21h45). Der rote Faden war die Familienfehde zwischen den Ewings und den Barnes. Die Serie war weltweit ein Straßenfeger. Als die Folge "Who Killed J.R. Ewing" lief, schloss sogar vorzeitig das britische Parlament. Larry Hagman (bekannt schon vorher durch "Bezaubernde Jeannie" aus den 1960ern), Patrick Duffy, Victoria Principal, Barbara Bel Geddes, Linda Grey sind einige der Hauptdarsteller. "Konkurenz" im ZDF war der "Denver Clan". Noch größer, noch pompöser... Heather Locklear spielte einige Staffeln mit.

MIAMI VICE - Wer in 50 Jahren wissen möchte, wie waren eigentlich die 80er des 20. Jahrhunderts? Einfach "Miami Vice" laufen lassen. Es war die erste Serie als multimedialer Videoclip für Jedermann/frau. Coolness pur, Ferraris an jeder Ecke, gestylte Klamotten und ein Krokodil namens Elvis auf dem Hausboot von Crockett (Don Johnson). Natürlich ging es fast immer um Drogen und Gangs und hübsche Mädchen waren auch immer im Bild. Und vorallem bestach die Serie durch ihren Soundtrack: alles was in den 80ern groß war, fand seinen Weg zu "Miami Vice". Jan Hammer besorgte die ersten Staffeln den Sphären/Elektro-Hintergrund ("Crockett´s Theme"), Tina Turner, U 2 bis Dire Straits machten den Rest. Gaststars wie Frank Zappa, Miles Davis oder Phil Collins rundeten das Bild ab. Legendär: die Doppelfolge "Calderones Rückkehr".

STAR TREK-SAGAS und THE SIMPSONS - Vielleicht sind es die größten Kultserien. Die - bisher - 5 Star Trek-Serien von Cpt. Kirk bis Cpt. Picard, Deanna Troi bis Pille, Data bis Quark oder Spock (um nur einige Helden zu nennen) sind von Millionen Fans begleitet, die sich in Star Trek-Treffen und dem Auftreten von Stars aus den Serien, finden. Der Kommunikator ist durch ein Smart Phone wohl schon locker übertroffen. Vieles ist aber wissenschaftlich schier unmöglich - nicht umsonst heißt es Science Fiction - erfundene Wissenschaft. Zeitreisen, die Zukunft der Menschheit, eine Welt in Frieden sind nur einige Themen. Natürlich gab es immer wieder genügend Action, aber die Philiosophie hatte großen Anteil. The Simpsons sind ein Abbild Amerikas, die Figuren stellen diverse Charaktere der Gesellschaft in Amerika dar und decken das Spektrum ab. Homer Simpson und Co sind am Besten durch die diversen Wikipedias zu verstehen. Mir fallen da 1000 Sachen ein, sprengt hier den Rahmen. Nur so viel: auch da spielte die Musik eine beträchtliche Rolle (Homer: "Jeder weiß doch, das die Rockmusik 1974 ihren Höhepunkt erreicht hat") und es traten Musiker auf wie Mick Jagger, The Who, Coldplay, Britney Spears, Paul McCartney, Metallica und und. Überhaupt brilliert die Serie durch zig Gaststars, von Stephen Hawking bis Mel Gibson...

TWIN PEAKS bis HOUSE - ich kann nicht ewig weiterschreiben. Hier noch die Hinweise auf "Twin Peaks" und "House". Twin Peaks war ein Projekt von Kultregisseur David Lynch und ist total abgehoben, von atmosphärischer Dichte, abgefahren und hat wohl die beste Title Theme aller Zeiten. Und was ist das Lieblingsgetränk unseres Helden? Genau! Kaffee... House ist durch seinen Hauptdarsteller abgefahren. Ein humpelnder, drogensüchtiges Medizingenie poltert in der menschlichen Psyche. Empfehlenswert: die 2 Doppelfolgen von House im Knast bzw in der Psychiatrie.

WEITERE SERIEN-Legenden aus der Vergangenheit sind z.B. Die Straßen von San Francisko mit Karl Malden und Michael Douglas, die CSI-Serien (keiner setzt die Sonnenbrille so cool auf wie Horacio), Western-Serien wie Rauchende Colts oder High Chaparell, Kir Royal und Raumpatrollie Orion (um noch 2 weitere Deutsche Legenden zu erwähnen), Comedyserien von Roseanne bis Eine schrecklich nette Familie bis King of Queens oder The Big Bang Theory, Babylon 5 (die beste SF-Serie nach den Star Trek-Sagas), Akte X (Kult aus den 90ern - "Sie sind da draußen..."), Criminal Minds, Magnum, Daktari, Mondbasis Alpha, Invasion von der Wega, die Law & Order-Serien, Crossing Jordan, Das A-Team, Ein Colt für alle Fälle und vieles vieles mehr.

Aus der Wikipedia zur Tatort-Reihe:

In den frühen Folgen stehen die zu lösenden Fälle mit den damit verbundenen Personen von Verdächtigen, Zeugen und Tätern im Vordergrund der Handlung. Die Kommissare spielen darin überwiegend nur als Polizisten eine Rolle. Ihre Darstellung als Privatpersonen unterbleibt dabei weitestgehend, von vielen frühen Tatort-Kommissaren sind nicht einmal die Vornamen bekannt.

Private Einblicke blieben eher selten: So war Kommissar Veigl schon mal in einer Volkstheateraufführung zu sehen oder beim Besuch eines Fußball-WM-Spiels (1974). Etwas mehr Privatleben erhielten einzig die frühen WDR-Ermittler Zollfahnder Kressin (vor allem wechselnde Freundinnen) sowie Kommissar Haferkamp, dessen geschiedene Frau (Karin Eickelbaum) regelmäßig in Erscheinung trat und gelegentlich in Ermittlungen mit eingespannt wurde. Im Lauf der Jahre wird immer mehr auch die persönliche Geschichte der Ermittler oder deren Eigenarten erzählt, dies wurde vor allem zu Beginn der 1980er Jahre durch den Auftritt von Kommissar Schimanski eingeläutet.

Die größten Musiker

GERD STEINKOENIG·DONNERSTAG, 18. FEBRUAR 2016

4 Mal gelesen

Gestern schrieb ich über Serien-Legenden (natürlich fehlten massig - von Starsky & Hutch bis Follyfoot Farm oder Die 2 -Roger Moore & Tony Curtis, von Die Profis bis Mit Schirm Charme und Melone oder Cheers, Seinfeld, Monk, The Closer/Major Crimes, Bones, The Black List.....Nicht zu vergessen Zeichentrick-Kult mit Tom & Jerry, Bugs Bunny, Familie Feuerstein,

Pink Panther, The Peanuts....). Bei "Die größten Musiker" wird es mir genauso gehen. Es gibt so viel gute Musik, so viele Genres, so viele Jahrzehnte. Selbst im legendären doppelbändigen Rocklexikon von Siegfried Schmidt-Joos und Co mit weit über 1000 Seiten fehlen viele Künstler... Ich versuche, ein Best of der Besten nach subjektivem Geschmack zusammenzustellen ;-)

THE BEATLES - Die Fab Four sind der Urknall der Pop und Rockmusik, der bis heute nachhallt. In den 1950ern gab es zwar die Jugendrevolte mit Elvis, Chuck, Buddy und Co, aber John, Paul, George und Ringo entdeckten das Album als Kunstmedium, das Studio als Instrument, und waren in ihrer sogenannten naiven Phase 1962 - 1965 Teeniehelden, die spätere Manias ala Bay City Rollers bis Take That wie Gähnveranstaltungen aussehen lassen. Der Ruhm der Beatles nährt sich noch heute. Die Hitsammlung "1" (2000) ist mit knapp 40 Millionen Einheiten das erfolgreichste Album des 21. Jahrhunderts... Im 20. Jahrhundert zementierten sie ab 1966 die Errungenschaften der Avantgarde, gaben (besonders im "Weißen Album" von 1968) jedem bis dahin bekannten Popstil Raum, und brillierten 1967 mit "Sgt. Pepper...", dem ersten Album, wo die LP als Kunstmittel begriffen wurde und nicht nur als bloße Ansammlung von Hitsingles. All ihre Alben wurden zwischen 1963 und 1969 aufgenommen (die "Let It Be" von 1970 auch, noch vor der "Abbey Road"), ein unglaubliches Arbeitspensum. Songs wie "A Day In The Life", "Strawberry Fields Forever", "Penny Lane" oder "I´m The Walrus" sind bis heute zeitlose Kunstwerke.

GENESIS - Da kommt die subjektive Ader von mir. Kritiker schmähen sie oft (von einigen Progrock-Alben abgesehen), die Fans der ersten Stunde wanden sich in ihrer Popphase ab. Mich begleiten sie seit 1976. Bis 1975 war Peter Gabriel der Sänger, Progrock-Epen wie "Supper´s Ready", "The Musical Box" oder "Cinema Show" und natürlich "Carpet Crawlers" aus ihrem künstlerischen Höhepunkt "The Lamb Lies Down On Broadway" (1974), verwob Peter in den Liveshows mit Verkleidungen und Theater. Nach dessen Ausscheiden übernahm Phil Collins das Mikro und der Prog Rock blieb: "Blood On The Rooftops", "Dance On A Volcano", "Burning Rope"... Anfang der 1980er wurde Genesis eine reine Popband, aber auf hohem Niveau. Klar, wenn man "Invisible Touch" hört und vergleicht es mit Prog ala "Watcher Of The Skies" krümeln sich einem die Nägel. Aber rein auf den Popsektor gesehen, waren Songs wie "Tonight Tonight Tonight" oder "No Son Of Mine" perfekt.

PINK FLOYD - Wie Genesis (1987) sah ich auch Pink Floyd (1988) live in Open Air. Größer muss es wohl gewesen sein, als sie z.B. in Germersheim Anfang der 1970er auftraten - ich kenne Kumpels, die kriegen heute noch feuchte Augen, wenn man nur "Germersheim" erwähnt. Nun denn, 1988 sah ich eine Greatest Hits-Show ohne Roger Waters, mit David Gilmour als Chef. Aber was soll ich meckern: "Time", "Comfortably Numb", "Wish You Were Here"... Wurde ja alles gespielt... Fast alles: die frühen Werke fehlten, die experimenteller und abgefahrener waren. Das Album "The Dark Side Of The Moon" (1973) ist bis heute mein Lieblingsalbum. Feiner Progrock mit Elektro (wie man heute sagen würde), inneinander gehende Songs, ein Konzeptalbum, musique concrete-Momente. Mit "The Wall" (1979) waren sie weit ihrer Zeit voraus. Das Doppelalbum behandelte die Entfremdung, Beziehungen zum im Krieg gefallenen Vater, Einsamkeit, war voll mit Gesellschaftskritik.

Eigentlich war es ein Solotrip Roger Waters´.

LED ZEPPELIN - Ich schreib nur, guckt Euch den Konzertfilm "The Song Remains The Same" an mit einem Konzert von 1973 aus dem New Yorker Madison Square Garden. Damit ist alles gesagt... Robert Plant, Jimmy Page, John Paul Jones, John Bonham in absoluter Hochform. Auch dabei: "Stairway To Heaven", der Song erreicht bis heute bei Polls, wo es um den besten Song aller Zeiten geht, die ersten 3...

DEEP PURPLE - Die Lieblingsband aller Musiklehrer heißt es oft spöttich. Die Hardrockformation schuf Klassiker wie "Highway Star" oder "Smoke On The Water". Die sogenannte "Mark II-Formation" (nach jedem Mitgliedswechsel gab es ein neues "Mark") gilt als die Beste und ist es auch. Jon Lord setzte sich zuanfangs mit seinen Klassikausflügen durch ("April") , dann war Ritchie Blackmore der Chef. Die Jungs sind immer noch unterwegs, Steve Morse ist nun dienstältester Gittarist, aber Blackmore bleibt die Legende, und Ian Gillan röhrt wie eh und je. Einziges Member das auf allen Alben mitspielte, ist Schlagzeuger Ian Paice. Ableger: Rainbow, Whitesnake.

THE POLICE - Ende 1970er, erste Hälfte 1980er hab ich das Platinum Trio geliebt! Sting, Andy Summers, Stewart Copeland schufen eine Mischung aus New Wave, Punk, Reaggae, Pop. Es gibt nur offiziell 5 Studioalben, aber was für welche. Songklassiker: z.B. "Roxanne", "Message In A Bottle", "Every Breathe You Take"... 2008 gab es ein einmaliges Tourneecomeback und die 3 rockten, als gäbe es kein Morgen mehr.

U 2 - 1987 hatten sie meiner Meinung nach ihren künstlerischen Höhepunkt mit dem Album "The Joshua Tree". "Achtung Baby" (1991) dürfte ihr zweitbestes Album sein. Sänger Bono wird wegen seiner MessiasArt oft verlacht, aber live spielt die Band einfach großartig. Bono engagiert sich immer wieder mit Bob Geldof für die Hungernden und armen Ländern dieser Welt (z.B. Live 8), trifft sich deswegen immer wieder mit Politikern. Aber an erster Stelle steht ihre Musik. Hab die Jungs (noch kein Memberwechsel!) 1984 live gesehen.

NEIL YOUNG - Er ist mein Seelenverwandter, sag ich immer. Seine Texte, seine Art, oft fühle ich mich an meine Gedanken erinnert. Hab Neil 1982 innerhalb von 2 Wochen 2mal live gesehen (Halle und Open Air). Es waren 2 völlig verschiedene Konzerte. In der Halle, hauptsächlich der Musikstil, was ihm später den Namen "Godfather of Grunge" einbrachte. Beim Open Air Mundharmonika und Lagerfeuerstyle ala "Heart Of Gold". Neil Young ist neben Bob Dylan und Bruce Springsteen der Geschichtenschreiber über das Amerika der diversen Jahrzehnte, der jeweilige Zustand Amerikas. Oder einfach herrliche Lovesongs: "Hello Cowgirl In The Sand...".

BOB DYLAN, BRUCE SPRINGSTEEN - Eben bei Neil schon erwähnt. Hab von Dylan Musik, werde mit ihm aber nicht richtig warm, da nützt es auch nichts, das er einer der größten Musiker/Komponisten des 20. Jahrhunderts ist, der sogar wegen seiner Texte mehrmals für den Literaturnobelpreis vorgeschlagen war. Springsteen, The Boss, das ist was anderes. Er spricht für die Arbeiterklasse, macht die Lieder für den einfachen Mann. 2002 das Abrechnungsalbum mit 9/11: "The Rising".

KATE BUSH - Sie ist meine absolute Lieblingssängerin für alle Zeiten. Ja, es gibt Annie Lennox, Gwen Stefani (No Doubt), Sade oder Joss Stone oder Aretha Franklin oder vorallem Janis Joplin! Aber Kate berührt mein Herz. Songs aus ihren ersten Alben Ende 1970er/Anfang 1980er wie "Wuthering Heights" oder "Hammer Horror" sind für mich zeitlos schön.

BOB MARLEY - Positive Vibrations, Rastafari, The Redemption Song, Get Up Stand Up Stand Up For Your Rights.... Marley ist ein Reaggae-Phänomen. Bis heute unsterblich, ihn verbindet man automatisch mit Love and Peace...

DAVID BOWIE - Als er vor wenigen Wochen starb, war ich tatsächlich geschockt - wie 1980 bei John Lennon. Er begleitete ja quasi auch mein Leben. Er war das Camäleon des Rock, verwandelte immer wieder Genre und Style und war oft seiner Zeit voraus. Legendär für mich seine Berliner Alben, als er Mitte der 70er mit Iggy Pop dort abhing: "Dann sind wir Helden für einen Tag". Sein letztes Album "Blackstar" erschien 2 Tage vor seinem Tod -und wenn man Videos und Texte sich reinzieht: selbst seinen Tod hat er zelebriert...

JETZT KOMMT DER MOMENT... Es gibt so viele: AC/DC, Coldplay, Supertramp, Dire Straits, Tina Turner, Guns n Roses, Metallica, Rihanna, Madonna, Miles Davis, Jethro Tull, Frank Zappa, Stevie Wonder und und und.... Wenn ich allein meine CD-Sammlung anschaue, so viele Namen, die hier fehlen: Credence Clearwater Revival bis ZZ Top oder Amy Winehouse, Alan Parsons Projekt, Cat Stevens, Joni Mitchell, 2 Pac...... Und von Deutschen Musikern war noch gar nicht die Rede: Udo Lindenberg, Scorpions, Kraftwerk, Can, Herbert Grönemeyer, Westernhagen, Nena, Xavier Naidoo, BAP, Nina Hagen Band und und und...

ALSO, das war ein kleiner Abriss mit meinen ganz ganz großen Faves, geht auch ohne Rolling Stones oder Björk, lach :-D Vielleicht habt Ihr Appetit bekommen auf Musikentdeckungen, würde mich freuen <3 Vom Punk der Sex Pistols bis zum Countryrock der Eagles bis zum....


Die besten Alben... plus einen Schwung Filme und Bücher

GERD STEINKOENIG·FREITAG, 19. FEBRUAR 20163 Mal gelesen

Letzter Teil der Trilogie... Nach TV-Serien und Musiker nun die besten Alben. 1983 schon gab es eine kleine Liste "Die 44 erfolgreichsten LPs". Viele davon tauchen bestimmt auch hier auf. Aber wie bei den Aufsätzen zu den "Besten TV-Serien" und "Besten Musiker": es wird massig fehlen... Versuchen wir´s mal:

The Beatles - Rubber Soul, Revolver, Sgt. Pepper..., "Weißes Album", Abbey Road, 1962 - 1966, 1967 - 1970...

Genesis - Foxtrot, Selling England By The Pound, The Lamb Lies Down On Broadway, A Trick Of The Tail, Wind & Wuthering, and then there were three, Duke...

Pink Floyd - Umma Gumma, More, Meddle, The Dark Side Of The Moon, Animals, The Wall,

Division Bell...

Led Zeppelin - II, III, Untitled, The Song Remains The Same, Mothership...

Deep Purple - In Rock, Machine Head, Fireball, Made In Japan...

The Police - Regatte De Blanc, Zenyatta Mondatta, Ghost In The Machine...

U 2 - War, The Joshua Tree, Rattle & Ham, Achtung Baby...

Dire Straits - Love Over Gold, Brothers In Arms...

Fleetwood Mac - Rumours, Tusk, Mirage...

Manfred Mann´s Earthband - The Roaring Silence, Watch...

Neil Young - Harvest, Decade, Rust Never Sleeps, Freedom...

Bruce Springsteen - Darkness On The Edge Of Town, Born In The USA, The Rising...

Bob Marley - Babylon By Bus, Legend...

BAP -Zwesche Salzjebäck un Bier, Bess Demnähx...

Udo Lindenberg - Ballhaus Pompös, Galaxo Gang, MTV Unplugged...

Nina Hagen Band - I, Unbehagen...

Spliff - The Spliff Radio Show, 85 555...

Herbert Grönemeyer - Bochum, Sprünge, Mensch, Schiffsverkehr...

Nena - Fragezeichen, Nena feat. Nena...

Scorpions - Love Drive, World Wide Live...

David Bowie - Rise and Fall of Ziggy Stardust, Heroes, Scary Monsters, Black Star...

Soundtracks: Saturday Night Fever, Grease, Pretty Woman, Dirty Dancing, Rocky IV...

Queen - A Night At The Opera, News Of The World, The Game...

Jethro Tull - Aqualung, Bursting Out, Heavy Horses...

Yes - Yessongs, Going For The One...

Kate Bush - The Kick Inside, Lionheart, Never For Ever, Hounds Of Love...

Supertramp - Crime Of The Century, Breakfast In America...

Außerdem: 21 (Adele), Joe´s Garage Act One (Frank Zappa), IV (Toto), First Time (Grandmaster Flash & The Furios Five), All n All (Earth Wind & Fire), Songs In The Key Of Life

(Stevie Wonder), Hinterland (Casper), Barrikaden von Eden (Söhne Mannheims), Live (Westernhagen), Thriller (Michael Jackson), Private Dancer (Tina Turner), Fugazi (Marillion), Goodbye (Cream), I (Doors), Beaggars Banquet (Rolling Stones), MTV Unplugged (Eric Clapton), Truth (Jeff Beck Group), Electric Warrior (T. Rex), Use Your Illussion I & II (Guns n Roses), Highway To Hell (AC/DC), Master Of Puppets (Metallica), American Idiot (Green Day), Never Mind The Bollocks (Sex Pistols), Velvet Underground & Nico, Supernatural (Santana), Diamond Life (Sade), Hasten Down The Wind (Linda Ronstadt), So (Peter Gabriel), Greatest Hits (Simon & Garfunkel), Automatic For The People (R.E.M.), Nevermind (Nirvana), Discovery (E.L.O.), Black Celebration (Depeche Mode), Electric Ladyland (Jimi Hendrix), Cheap Thrills (Janis Joplin), Kind Of Blue (Miles Davis), Mensch Maschine (Kraftwerk), On Stage (Rainbow), The Album (Abba), Celebrate (Kool & The Gang), Golden Decade 1955-1965 (Chuck Berry), Easter (Patti Smith Group), Moving Pictures (Rush), Diesel and Dust (Midnight Oil) und und und... Namen die hier dabei sind fehlen bei den "Besten Musikern" und umgekehrt. Egal: Als Trilogie genommen habt Ihr einen schönen Abriss und ein paar Tipps :-D

Der Vollständigkeit halber: was ist mit "Besten Filmen" und "Besten Büchern"? Denk ich an Film, denk ich an Jodie Foster, Humphrey Bogart, Steve McQueen, Marilyn Monroe, Paul Newman, Robert de Niro, Al Pacino, Grace Kelly, Ingrid Bergman, Jack Nicholson, Dustin Hoffman, Liz Taylor... Und die Streifen heißen z.B. Das Schweigen der Lämmer, Casablanca, 2001 - Odysee im Weltraum, Shining, Einer flog über das Kuckucksnest, Spiel mir das Lied vom Tod, Wenn die Gondeln Trauer tragen und und - die Klassiker eben, von Convoy bis The Fog - Nebel des Grauens, Heat, Wer hat Angst vor Virginia Woolf, Der dritte Mann, Taxi Driver, Haie der Großstadt, Fluchtpunkt San Francisco (Original- Verfilmung), Rollerball (Original-Verfilmung!!), Rocky-Filme, Catchfire, Beverly Hills Cop-Filme, Die Katze auf dem heißen Blechdach, Rain Man, The Graduate, Gesprengte Ketten, Marnie, Car Wash, Shaft (Original-Verfilmung), Lautlos im Weltraum, Es war einmal in Amerika, Fahrenheit 451, Animal Farm, The Warriors, Citizen Kane, Der Malteser Falke, Niagara, Nur die Sonne war Zeuge usw. usw - von Zeugin der Anklage (Marlene Dietrich) bis Die Verurteilten (Morgan Freeman).... Und bei den Büchern ebenso yesterday heroes - Stephen King (Es, Christine, Friedhof der Kuscheltiere, Shining), JM Simmel (Liebe ist nur ein Wort, Es muss nicht immer Kaviar sein...), Pearl S. Buck (Die gute Erde), Robert Ludlum (Das Parsifal-Mosaik), Ephraim Kishon (Der Blaumilchkanal), Karl May (Winnetou I bis III), Clive Barker (Bücher des Blutes), Begrabt mein Herz an der Biegung des Flusses (Dee Brown), Christiane F - Wir Kinder vom Bahnhof Zoo, Wolfgang Borchert (Draußen vor der Tür), Aj Roth (Die trotzigen Söhne Irlands).... Beeindruckend aus der Schule (Literaturgeschichte): Die rote Katze (Luise Rinser), Der Augsburger Kreidekreis (Bertolt Brecht).

Mae West: „Is that a gun in your pocket, or are you just glad to see me?" (sinngemäß übersetzt: Ist das eine Pistole in deiner Hose oder freust du dich nur, mich zu sehen?) - aus einem 1930er Jahre-Film, Zitat aus der Mae West-Wikipedia.

Aus der Wikipedia zum Film The Warriors (1979):

In Deutschland wurde der Film von der Kritik weniger als Filmwerk, denn als soziologisches

Phänomen wahrgenommen. So zum Beispiel im Nachrichtenmagazin Der Spiegel vom 9. Juli 1979, wo er für Jugendgewalt verantwortlich gemacht wird

Der Film erhielt ursprünglich eine FSK-Freigabe nicht unter 18 Jahren. Im Jahr 1983 stellte die Bundesprüfstelle eine Jugendgefährdung fest und indizierte den Film. Nach 18 Jahren wurde der Film vorzeitig vom Index gestrichen und erhielt bei einer Neuprüfung 2013 eine FSK-Freigabe ab 12.

Der Film bestach damals durch seinen Comic-Look und wurde im Lauf der Jahrzehnte zu einem Teil vor allem US-amerikanischer Popkultur. Auch heute werden immer noch Bezüge zu The Warriors hergestellt, wie beispielsweise in dem Musikvideo zum Lied Fight Music der Gruppe D12.

Aus der Wikipedia zu Johannes-Mario Simmel:

Leitmotive in vielen seiner Werke waren die Relativierung von Gut und Böse und leidenschaftlicher Pazifismus. Seit Jahrzehnten gehört er zu den meistgelesenen Autoren im deutschsprachigen Raum. Er veröffentlichte 35 Romane, die eine Gesamtauflage von etwa 73 Millionen verkaufter Exemplare erreichten. Werke von ihm wurden in 30 Sprachen übersetzt.[5] Zahlreiche Werke wurden von Regisseuren wie Alfred Vohrer und Roland Klick verfilmt.


44 EMPFEHLENSWERTE LPs (November 1983)

Schön 1983 begann ich für mich selbst über Musik zu schreiben, damals verfasste ich eine "Story Of Rock", die allerdings verschollen ist. Die LP-Liste zu dieser Story gibts aber noch:

Sgt. Pepper... - The Beatles (1967)

Abbey Road - The Beatles (1969)

Golden Decade 1955-1965 - Chuck Berry

40 Greatest Hits 1955-1971 - Elvis Presley

Harvest - Neil Young (1972)

Decade - Neil Young (1977)

Goodbye - Cream (1969)

A Night At The Opera - Queen (1975)

Are You Experienced - Jimi Hendrix (1967)

Blind Faith - Blind Faith (1969)

Woodstock (1969, Soundtrack) - CSN & Y, Hendrix, Santana u.v.a. (1970)

On Time - Grand Funk Railroad (1969)

II - Led Zeppelin (1968)

Deep Purple (April) - Deep Purple (1969)

Rolled Gold (1963-1969) - Rolling Stones

Foxtrott - Genesis (1972)

The Lamb Lies Down... - Genesis (1974)

Aqualung - Jethro Tull (1971)

Tubular Bells - Mike Oldfield (1975)

Platinum - Mike Oldfield (1979)

Crime Of The Century - Supertramp (1974)

Watch - Manfred Mann´s Earthband (1977)

The Dark Side Of The Moon - Pink Floyd (1973)

Wish You Were Here - Pink Floyd (1975)

The Wall - Pink Floyd (1979)

Babylon By Bus - Bob Marley (1978)

Burnin´ - The Wailers feat. B. Marley (1973)

Never Mind The Bollocks - Sex Pistols (1977)

The Rise And Fall Of Ziggy Stardust... - David Bowie (1972)

Heroes - David Bowie (1977)

The Kick Inside - Kate Bush (1978)

Synchronicity - The Police (1983)

Schneider With The Kick - Helen Schneider (1981)

Dig The New Breed - Jam (1982)

Joe´s Garage Act One - Frank Zappa (1979)

Moving Pictures - Rush (1981)

Pop Chronik (1970-1974) - T. Rex

Live 77 - Alice Cooper (1977)

Making Movies - Dire Straits (1980)

Love Over Gold - Dire Straits (1982)

Agents Of Fortune - Blue Öyster Cult (1976)

UK Live - UK (1979)

Going For The One - Yes (1977)

Yessongs - Yes (1973)


Im Original ist bei zusammenfassenden Worten als 45. Album The Beatles ("Weiße Album") - The Beatles (1968) erwähnt.



1973...

GERD STEINKOENIG·SONNTAG, 15. JANUAR 2017

Ein besonderes Jahr ist für mich 1973. Das fiel mir erst in den letzten Jahren so auf. Ein Kalender als eine Art Tagebuch aus meinem damaligen Teenieleben überlebte - von 1973. Mein Lieblingsmensch wurde 1973 geboren! Mein Lieblingsalbum The Dark Side Of The Moon (Pink Floyd), genau, von 1973. Die Selling England By The Pound (Genesis) und die Sampler 1962-66 (rotes Album) und 1967-70 (blaues Album) der Beatles sind auch aus jenem legendären Jahr. Mein Lieblingskonzertfilm The Song Remains The Same von Led Zeppelin erschien zwar 1976, die Konzerte fanden aber 1973 statt... Hits wie Get Down (Gilbert O´Sullivan), Can The Can, 48 Crash (Suzi Quatro), Blockbuster, Hell Raiser, Ballroom Blitz (The Sweet), I´d love you to want me (Lobo), Der Junge mit der Mundharmonika, Der kleine Prinz (Bernd Clüver), Mama Loo (Les Humphries Singers), Radar Love (Golden Earing), Dreams Are Ten A Penny (John Kincade), Crocodile Rock (Elton John), Life On Mars (David Bowie), Angie (Rolling Stones), Rock Me Baby (David Cassidy), See My Baby Jive (Wizzard), Acts wie Slade, T. Rex, Medicine Head, Uriah Heep, Alice Cooper, Roberta Flack, Cliff Richard, Deep Purple, Yes, Roxy Music, Juliane Werding mit Wildes Wasser und und und, was für ein großartiges Jahr! Um das Jahr herum, aber auch 1973: Kalter Krieg zwischen den USA (NATO) und der UdSSR (Warschauer Pakt), Tanz auf dem Vulkan mit der Angst im Hinterkopf vor der Atombombe, Auftauen der Eiszeit zwischen der BRD und dem Ostblock (Ostverträge 1970). Es waren die Zeiten von Schachgenie Bobby Fischer, Leichtathletik-Queen Heide Rosenthal, Hochsprung-Teenstar Ulrike Meyfarth, Schwimmlegende Mark

Spitz oder Fußballhelden wie Franz Beckenbauer und Johan Cruyff (WM 1974). Und nachts wurde ich von meinem Vater aus dem Bett geholt, und durfte mir den jeweiligen WM-Boxkampf von Ali anschauen (Frazier, Norton, Foreman, was waren das für legendäre Boxzeiten). Im Fernsehen gab es um 1973 z.B. Follyfoot-Farm (ich muss nur die Titelmusik hören - Zeitreise...), Der Bastian, Der Kommissar, Der Seewolf, Eine amerikanische Familie (mit Kristy McNichol)...., und natürlich die Samstagabend-Shows für die ganze Familie (von Rudi Carrell bis Ohnesorg-Theater). Ich glaube, Ein Herz und eine Seele begann auch schon 1973, Ekel Alfred war reine Anarchie - seine Aussagen zur Politik, heute nicht mehr vorstellbar! Klimbim kam später - nackte Brüste von Ingrid Steeger, ganz normal, mach das mal heute... Und James Bond Roger Moore flirtete 1973 im Kino mit Jane Seymour (Live And Let Die/Wings). Außerdem 1973: Watergate-Affäre um Richard Nixon, Sonntagsfahrverbot in der BRD wegen Ölkrise, der 1. FC Kaiserslautern besiegt Bayern München mit 7:4 nach 1:4-Rückstand (wurde zum Bundesligaspiel des Jahrhunderts gewählt), Jom-Kippur-Krieg in Nahost, Pinochet putscht sich in Chile an die Macht, Jackie Stewart wird Formel 1-Weltmeister und vieles mehr... Nachfolgend Ausschnitte einer Wikipedia über das Bravo-Chartsjahr 1973...

Bravo-Jahrescharts 1973

The Partridge Family wurde zu einer der beliebtesten Fernsehserien im Vorabendprogramm der ARD, und ihr Hauptdarsteller David Cassidy war der neue Teeniestar, der gleich die Plätze 1 und 3 in den Charts belegte. Cliff Richard verdankte seinen erneuten Erfolg zum zweiten Mal dem Eurovision Song Contest. Sein Power to All Our Friends belegte den dritten Platz beim Grand Prix. Roy Black fand seinen Nachfolger in dem Newcomer der Schlagerszene Bernd Clüver. Dessen Debüthit Der Junge mit der Mundharmonika erreichte Platz 6 und der Nachfolger Der kleine Prinz Platz 11. Als letzte erfolgreiche Band der 1960er Jahre erreichten die Rolling Stones mit der Ballade Angie noch den 18. Platz.

Rock Me Baby – David Cassidy – 418 Punkte

Get Down – Gilbert O'Sullivan – 407 Punkte

I Am a Clown – David Cassidy – 344 Punkte

Hell Raiser – The Sweet – 322 Punkte

Power to All Our Friends – Cliff Richard – 306 Punkte

Der Junge mit der Mundharmonika – Bernd Clüver – 302 Punkte

Dreams Are Ten a Penny – Kincade – 286 Punkte

The Free Electric Band – Albert Hammond – 284 Punkte

Can the Can – Suzi Quatro – 280 Punkte

48 Crash – Suzi Quatro – 261 Punkte

Bravo-Otto-Wahl 1973

Beat-Gruppen

Goldener Otto: The Sweet

Silberner Otto: The Osmonds

Bronzener Otto: Slade

Sänger

Goldener Otto: David Cassidy

Silberner Otto: Bernd Clüver

Bronzener Otto: Jürgen Marcus

Sängerinnen

Goldener Otto: Suzi Quatro

Silberner Otto: Ireen Sheer

Bronzener Otto: Daliah Lavi

Abendgedanken...

GERD STEINKOENIG·SONNTAG, 27. SEPTEMBER 2015

Warum heißt Allerweltsschlager von Andreas Bourani bis Tim Bendzko "Neuer Deutscher Pop"?? Der ME hats in seiner Oktober-Ausgabe erkannt: Neue Deutsche Scheißmusik... Nur gut, das es Made in Germany 2015 noch Culcha Candela oder Grönemeyer gibt :-D

Warum werden überall Weltkriegsbunker mit meterdicken Schutzdecken abgerissen?? Weil der Kalte Krieg "ewig" vorbei ist? Und was ist mit Nahost, Ukraine, Syrien, Nordkorea, Russland, USA, Terrorschläfer, Terroranschläge....

Alles gelassen und locker nehmen! Harmonisch und gezielt seine Ziele angehen (der Weg ist das Ziel). Sich nicht verrückt machen lassen von Medien, Verschwörern, Internet" Wahrheits"Gurus... Frei nach Lindi: Ich mach mein Ding...

Menschlichkeit kommt wohl vom Hauptwort "Mensch"! Komischerweise heißt es bei "menschlich" immer: Liebe ist menschlich, oder Güte, Vertrauen, Demut, Hilfsbereitschaft usw. Dabei ist es doch logisch, das MENSCHlichkeit auch Mord- und Totschlag, Machtmissbrauch, Gier oder Perversion heißen kann...


AND THE WINNER IS...

Nachfolgend ein paar Preis-Splitter:

Der bedeutenste Musikpreis ist der amerikanische Grammy. Zu den Rekordgewinnern gehören u.a. Country-Musikerin Alison Krauss (27 Auszeichnungen) und U 2 (mit 22 Auszeichnungen die erfolgreichste Band). Bei Einzelvberanstaltungen räumten u.a. ab: 1983 Toto mit 6 Grammys, 1984 Michael Jackson mit 8 Auszeichnungen bei 12 Nominierungen, 1993 Eric Clapton mit 6 Grammys (für das Album Unplugged sowie die Songs Tears In Heaven und Layla), 2000 Carlos Santana (8Ausz, 10 Nomis), 2010 Beyonce Knowles (6Ausz, 10 Nomis), 2012 Adele mit 6 Grammys... Auch Deutsche Musiker sind häufig vertreten, als Beispiele seien genannt: 1967 Klaus Voormann, Best Album Cover Graphic Art für das Beatles-Werk Revolver, desweiteren 1976 Silver Convention, 1986 Harold Faltermeyer, 1994, 2000, 2005 Anne-Sophie Mutter. Und ein Kaiserslauterer mischte auch mit: Technobastler Zedd 2014... Ebenfalls 2014 wurden Kraftwerk in die Grammy Hall of Fame aufgenommen!

Der wichtigste Deutsche Musikpreis ist der Echo. Rekordgewinnerin mit 16 Auszeichnungen: Helene Fischer... Til Brönner ist der einzige Künstler, der alle 3 Echo-Preise gewann: Echo Jazz am 17. Juni 2011, Echo Klassik am 21. Oktober 2007, Echo Pop am 25. März 2007.

Der Traum aller Filmschaffenden ist der Gewinn des Oscars. Erstmals wurde der Oscar am 16. Mai 1929 vergeben. Die Trophäe als bester Schauspieler erhielt Emil Jannings -damit bis heute einziger deutscher Schauspieler, dem dies gelang. Wem nun Namen einfallen... Alles Österreicher... Die erfolgreichsten Filme mit je 11 Oscars: Ben Hur, Titanic, Der Herr der Ringe - Die Rückkehr des Königs. 10 Trophäen erhielt Vom Winde verweht. Am häufigsten ausgezeichnet mit 26 Oscars wurde Walt Disney!

Rekordgewinner der Goldenen Kamera sind mit je 4 Trophäen Rudi Carrell, Thomas Gottschalk, Günther Jauch, Loriot. Mit je 3 Auszeichnungen folgen Peter Alexander, Frank Elstner, Uschi Glas, Harald Juhnke, Hape Kerkeling, Witta Pohl, Hans Rosenthal, Harry Valerien.

Hätten Sie´s gewusst? Ingrid Bergman gewann 1951, 1952, 1953, 1954 den Bambi... Heinz Rühmann erhielt den Bambi zwischen 1962 und 1984 12 mal!

Der Deutsche Fernsehpreis wurde erstmals 1999 verliehen und wurde gemeinsam von ARD, ZDF, RTL, SAT 1 gegründet. So gewann z.B. die ZDF-heute show als beste Satire 2010 und 2014. Die RTL-Serie Abschnitt 40 gewann mit den ersten drei Staffeln 2003, 2004, 2005! Die 4. Staffel wurde von RTL wegen mangelnder Einschaltquoten abgesetzt... Sehr schade! Bester Mehrteiler 2017 wurde das dreiteilige Dokudrama "Mitten in Deutschland: NSU".

Der Polar Music Prize wurde 1992 erstmals vergeben und wurde als Nobelpreis für Musik konzipiert. Es werden jedes Jahr je 2 Acts ausgezeichnet, meistens 1 x Pop, 1 x Klassik. Zu den Preisträgern gehören Paul McCartney, Quincey Jones, Bruce Springsteen, Ravi Shankar, Björk, Ennio Morricone, B. B. King, Pink Floyd, Chuck Berry, Keith Jarrett, Miriam Makeba, Kronos Quartet, Sting u.v.a.

Stand: Januar 2017, Quelle: Wikipedia


Das Ende der Menschheit ist schon da...

GERD STEINKOENIG·DONNERSTAG, 21. JANUAR 20166 Mal gelesen

... wir merken es nur noch nicht. 6mal in der Geschichte der Erde, fand ein rapides Artensterben statt bis zu 98 %. Geläufig ist das Aussterben der Saurier. Momentan sterben so viele Arten aus, wie noch nie seit den Sauriern. Seit 1970 sind 52% (!!) aller Arten ausgestorben, viele sind vom Aussterben bedroht. Der Klimawandel ist nur ein Mosaikstein. Das Große, Ganze ist die Natur mit ihrer aussterbenden Vielfalt. Man stelle sich die Natur als ein großes Netz vor, wenn Fäden gezogen werden, passiert noch nichts (obwohl: kommt auf den Faden an...), wenn es zu durchlässig wird, dann fällt das Netz auseinander (in diesem Fall: das Ökosystem). Alles hängt miteinander zusammen. Wie das aber in der Biologie so ist, vieles merkt man erst nach langer Zeit. Dann ist es zu spät. Es müsste ein großes Wunder geschehen - langfristiges statt kurzfristiges Denken, Abschied von fossiler Energie usw - um noch die Kurve zu kriegen. Wie ich die Menschheit kenne, in ihrer grenzenlosen Gier nach Geld, Wohlstand, in ihrer dummen Oberflächlichkeit, glaub ich nicht dran. Also, Goodbye Homo Sabiens! Die Natur bastelt schon lange an einem NachfolgerModell...

Der Tod Songtext

Es is zwölfe bei der Nocht

Draußen geht a Sturm

Die Todenglocken leuten

Scho wieda muas oana in die Grubn


Der Tod ist ein gerechter Mann

Obst oarm bist oder reich

Gsturbn is gsturbn sagt der Wurm

Als Leich is jeder gleich


Du kannst dei Lebtag faul sein

Oder umanander gschaftln

Fünf Tag nachdem der Tod eintritt

Fangt jeder an zum Safteln


Und wie i so dahinsinnier

Übern Sensenvoda

Hör i draußen einen Schrei

Der Alk gfriert in der Ader


Schwarzer Mantel schwarzer Huat

A schaurige Figur

Und er hat a Sens'n

Und a Eieruhr

Langsam kommt er näher

Bumpert an die Tür (dusch)

I riach an Hauch von Moder

Und er sagt zu mir


Grüß Gott, i bin der Tod

Vorbei is deine Not

Komm dei Zeit is um

Geh mach ka Theater

I bin's, der Gevatter


I sag zum Gevatter

Tretens ein und kommens näher

Nur Sensen kauf i kane

I hab an Rasenmäher


Sie miass'n furchtbar hungrig sein

Sie san ja nur mehr Knochen

Soll i vielleicht an Jagatee

oder a Supperl kochen


Den ersten Tee den nimmt er ex

Haut ihn sich ins Gerippe

Er verbrennt sich nur die Zehnt

Weil ihm fehlt ja die Lippe

Doch dann nimmt er die Eieruhr

Zu Berg stehn mir die Haar

Er klopft mir auf die Schulter

Stellt sich ein zweits mal vor


Der Tod:

(Refrain)


Er wetzt die Sensen

Und er sagt: Bevor ich dich jetzt niedermäh'

Geh bring mir noch an letzten

An letzten Jagatee


Doch nach dem fünften Trankerl

Da wird der Vodda locker

Er beutelt seine Knochen

Und steppt am Stubenhocker


Hörens zu, des is a Irrtum

I hoaß net jedermann

Da muasens schon nach Salzburg fahrn

Weil dort is der Tod daham


I fahr mit ihm zum Bahnhof

Zum Zug muas i ihm tragen

I kauf ihm no a Karten

und setz ihm in Speisewagen

Der Zug rollt an mir wird ganz leicht

I wink ihm hinterher

Er woggelt mit der Sensen

Und sagt zum Kantineur

Der Tod:

Grüß Gott, i bin der Tod

Vorbei is deine Not

Komm, Gebruder komm

Bring ma schnell an Jagatee

Aber, mit viel Rum

Aaahhhaaaa

(Der Tod aus dem Album Liebe, Tod & Teufel der Ersten Allgemeinen Verunsicherung)

Die Stille des Mondes

GERD STEINKOENIG·MONTAG, 28. SEPTEMBER 2015

Schaue aus dem Fenster, gucke die Straße runter und am Firmanent, von tanzenden Wolken umgeben, der Vollmond. Nach dem Naturschauspiel als "Blutmond", als er uns so nahe kam, strahlt er nun eine majestätische Ruhe aus. Es wird harmonisch und friedlich in mir. Wie heißt es so schön: Guter Mond, du scheinst so stille...

Überall auf diesem Planeten erstrahlt der Erden-Wegbegleiter. Nur auf was muss der "Mad Man Moon" blicken: zu anfangs auf einen ruhigen, stillen, blauen Himmelskörper von göttlicher Aura. Bei näherer Betrachtung will er am Liebsten aus seiner Umlaufbahn. Dort Bomben, da Feurbrunst, drüben Mord und Vergewaltigung, überall Schändung von Natur und Tier, was ist da unten nur los. Gibts da keine Ethik, keine Liebe, keine Moral? Und er schaut weiter, dort Gier, da Machtmissbrauch, Terror an allen Ecken. Dann wird dem "Mad

Man Moon" ganz wohl ums Herz: er sieht sie, er findet sie, da ist sie ja, die Liebe, der Respekt, die Harmonie, da sind Menschen mit dem Slogan "One World, One Future" oder "Wir sind alles Brüder und Schwestern". Aber es sind noch zu wenige. Die Krankheiten wie Rassismus, Menschenhass sind anscheinend unausrottbar. Der Mond erblickt Willkommenswürde und Menschenjagd, Geschenke an Bettler und Börsenspekulationen auf Lebensmittel, Retter der Natur und Regenwaldvernichter.... Gut und Böse, Ying und Yang...

Seit Jahrtausenden sieht sich der "Mad Man Moon" die Laune der Natur "Mensch" nun an. Er wird es weiter tun und weiter einsam seine Bahnen ziehen. Vielleicht wird aus der Menschheit ja noch was, die Hoffnung stirbt schließlich zuletzt <3


BOTH SIDES NOW...

1. März 2015 um 21:41

Immer wieder Listen, diesmal von einer ganz anderen Art...


In der letzten Zeit kristallisierte sich für mich heraus, was man immer wieder in Magazinen liest: dies ist mein spezieller Lieblingssong, weil... Statt Stairway To Heaven oder Das Schweigen der Lämmer also Nennungen, die mein Leben widerspiegeln - das ist mein heutiger Eindruck, in z.B. 2 Jahren kann das vielleicht schon anders sein...


SONGS - Both Sides Now (Joni Mitchell)

      Morgen (Herbert Grönemeyer)


FILM - Christiane F Wir Kinder vom Bahnhof Zoo


BUCH - Es (Stephen King)


Die SONGS, weil sie meine Seele, meine Sinnfragen wiederspiegeln


Der FILM, weil er mich an meine soziale Ader erinnert (auch wenn es für den Außenstehenden jetzt nicht kapierbar ist)

Das BUCH, weil es Vergangenheit, Gegenwart, Zukunft mit Seelenstriptease auf einen Punkt bringt

Eine klitzekleine Musikgeschichte

21. März 2012 um 16:18

Musik in den 1950ern und 1960ern

Revolution, Experimente, Idealismus

Echte Musik ohne (oder kaum) Industrievorgaben

Elvis, Chuck, Paul & John, Jimmy & Jim,

Bob & Joan, Mick & Keith, Janis....

Die 1970er: Artenvielfalt, Eroberung der Welt,

Disco & Reaggae, Hardrock & Progrock,

Glamrock & Bowie in Berlin 1977

Punk & New Wave und nationale Musiksprachen:

Alles klar auf der Andrea Doria

Superpop und Geld erobern die 1980er

MTV: Video Killed The Radio Star

Jacko, Madonna, Prince

Nun kommt Pop auch aus Afrika

Tracy Chapman, Mory Kante

80er Rap wird 90er HipHop

70er Kraftwerk wird Techno

Aus Woodstock und 3 Days Love & Peace

wird LoveParade und One World One Future

Der Rock richtet seine Retroabteilung ein

Und das neue Jahrtausend?

Coldplay, Porcupine Tree, Alles Klar!

Aber auch: DSDS, Popstars, Casting Schrott

Pink Floyd oder Deep Purple restaurieren ihre alten Werke

Die Industrie befiehlt den Hit

written by Gerd Steinkoenig, 21. März 2012 16:18

FRIEDHOFSGEISTER (24.01.2013 auf blog.de)

Ich lief durch den Friedhof -

ein Eichhörnchen mit roten,

blitzenden Augen fällt mir auf.

Ich weiß, es wollte mir was sagen,

ich habe verstanden.

Fulminante Grabsteine, Zeitzeugen,

kleine, geschwungene

Biografien auf Stein.

Zeitreise ins Jahr 1876...

Grabsteine der Jetztzeit -

klein und billig,

nur der Familienname.

Die Geldraffer des 21. Jahrhunderts

machen auch vor dem Tod nicht halt.

Wie trostlos wohl dadurch

die Friedhöfe 2043 aussehen...


GEDANKEN ZU DEN USA (aus blog.de am 28.12.2012)

Denk ich an Amerika

Die Straßen von New York in "Kojak"

Die Straßen von San Francisco

J.R. in "Dallas", Alexis in "Dynasty"

Die Erfindung der Coolness in "Miami Vice"...


Humphrey Bogart und Marilyn Monroe

Route 66 und die Rocky Mountains

Die Literatur von Pearl S. Buck

Von Stephen King oder den Beatniks

Die Songtexte von Bob Dylan oder

Bruce Springsteen

All die Sounds amerikanischer Kultur

Woodstock, Studio 54 und der Miles Davis-Jazz...


In meiner Jugend nahm ich Amerika wahr

Als das Land der unbegrenzten Möglichkeiten


Und nun mit der Lebenserfahrung eines 53jährigen?

Amerikanische Kultur ist immer noch cool!

ABER: Ölkönige und geldgeile Spekulanten regieren

Aus einer Demokratie wird eine Autokratie

Meinungsfreiheit gilt nur für Republikaner

Und Rassisten

Statt Aufbruch ala 1969 ist Gleichgültigkeit

Hauptsache McDonalds hat einen neuen Burger

Das Justizsystem ist eine Farce

Die NRA will noch mehr Waffen und Amokläufe...


Armes Amerika! Der Abstieg hat längst begonnen...


PS 2017 - Dieser Weg führte zum 20. Januar 2017...


3. September 2015 ·

GELASSENHEIT...


... muss man auch erst mal lernen!

Disziplin

Demut

Selbstliebe

Nächstenliebe

No Stress

Die Fenster sind offen

Von der einen Seite aus dem Nachbarhaus

Babygeschrei

Ist auch das Fenster offen

Häusernähe

Menschennähe

Von der anderen Seite

Nachbarin an ihrem Fenster

Autos fahren vorbei

Gesprächsfetzen aus der Gasse

Alles ist gut

Gemeinschaft

Wegbegleitung

Freunde

Kumpels

Seelenliebe mit

GELASSENHEIT

PS 2017: endlich Gelassenheit ausleben seit Sommer 2015 in Annweiler am Trifels - mein Paradies <3 Im Kapitel "Straßen, Heimat, Hinterhöfe" (von 2013) liebe ich meine Heimat Kaiserslautern - aus und vorbei. Mein Leben entwickelte sich weiter, Stillstand ist Rückschritt! Daher der "Sprung über die Schlucht" von K-Town nach Annweiler... Viva La Vida :-D

Gerd Steinkoenig

1. Februar 2015 ·

Gerd´s Top 3 - Liste oder so...

Lebensbringer

Glück - Harmonie - Liebe

Musik -

Bands

The Beatles - Genesis - Pink Floyd

Sänger

Neil Young - Peter Gabriel - David Bowie

Sängerin

Kate Bush - Sade - Annie Lennox

Deutschsprachig

BAP - Herbert Grönemeyer - Udo Lindenberg

Song

Stairway To Heaven (Led Zeppelin)

Album

The Dark Side Of The Moon (Pink Floyd)

TV Serien

International: The Simpsons - Star Trek Sagas - Einsatz in Manhattan (Kojak)

National: Tatort - Der Kommissar - Die Straßen von Berlin

Filme

International: Casablanca - Das Schweigen der Lämmer - Einer flog über das Kuckucksnest

National: Knockin´on heavens door - Himmel ohne Sterne - Der Schuh des Manitu

Literatur

Die gute Erde (Pearl S Buck) - Shining (Stephen King) - Der kleine Prinz (das Universum...)

Tiere

Molly und Schnuffel und all die Haustiere, die ich hatte - alle Haustiere, die ich kenne - alle Tiere dieser Erde (für alle jetzt ein Streichler!)

Plus

Frieden und Traumerfüllung, Positive Vibrations und Zukunftsneugier, Freiheit und Hoffnung, 2001 - Odysee im Weltraum und Wenn die Gondeln Trauer tragen, Miami Vice und CSI:Miami, Paris und New York, The Police und Earth Warrior und Bob Marley und Madonna und Stevie Wonder und Deep Purple.... NATUR :-D

ALL YOU NEED IS LOVE (The Beatles 1967)

HOMMAGE AN DIE FRAUEN (17.03.2013 auf blog.de)

Und ewig lockt das Weib...

Ihr seid Mütter, Ehefrauen, Geliebte, Kolleginnen, Chefinnen, Seelenverwandte...

Euer Körper, Euer Geist, Eure Seele...

Ihr seid verständnisvoll, taff, visionär, erfinderisch, modern, aufopfernd, helfend, kämpferisch, zärtlich, Ihr seid so viel...

Ihr tanzt Ballett und erzieht Kinder

Ihr trefft politische Entscheidungen und kümmert Euch um Eure Lieben

Ihr erfindet die Zukunft und Euch selbst neu

Ihr schreibt Bücher und Ihr macht so viel...

Ihr seid das Beste, das Wichtigste, das Schönste auf dem Planeten

Ihr seid verführerisch und hübsch, begehrenswert und erotisch

Ich weiß, Ihr könnt Biester, Zicken, Diven sein

Hommage an die Frauen: Ich liebe Euch!


22. August 2015 · IDYLLE

Sonne und Schatten

An Häusern, verwinkelten Gassen

Ruhe und Gemütlichkeit

Hier ist keine Hektik

An der Kasse dauerts halt länger

Egal, das Gespräch ist wichtiger

Freundschaften, Mensch sein

Alles in "3 Schritte" erreichbar

Gemeinschaft, Hilfsbereitschaft

Nahrung für Körper, Geist, Seele -

das ist die Idylle von Annweiler am Trifels

2. März 2015 um 12:47

Gestern sah ich im WDR die ersten 2 Episoden der 6teiligen Dokumentation KRAUT UND RÜBEN, ein Zeitzeugnis über die Anfänge Deutscher Rockmusik (in England Krautrock getauft).

Was mir gestern bei den ersten 2 Episoden frappierend auffiel: Vieles was heute als Gedankenerfindungen von Neugeistern, Spirituellen, Lebensbildergurus gilt, wurde in den 1970ern schon GELEBT! Die Musik war je nach Genre voll Experimente, Idealismus, Politik, Weltveränderungswille. Und auf Kommerz wurde geschissen, das ist ja Kapitalismus. Systemverweigerung war für viele der Weg. Ougenweide spielten auf Originalinstrumenten Lieder von Walter von der Vogelweide. Erst mit Udo Lindenberg erhielt der Kommerz Einzug. Kraftwerk, Can, Scorpions und Tangerine Dream feierten im Ausland Erfolge.

Ton Steine Scherben lebten kapitalistenfrei auf einem Bauernhof um da zusammen zu leben, zu teilen, zu musizieren. Floh de Cologne fassten in ihren Texten ihre Meinungen zu politischen Geschehnissen zusammen: Lucky Streik. Vor einem Konzert wurde bei vielen erstmal gekifft: eine Band hieß nicht umsonst Bröselmaschine. Und das Fernsehen wird nicht erst seit facebook-Zeiten gedisst: Anfang der 1970er z.B. kritisierte ein TSS-Musiker in einer Talkshow erst das TV-Medium, um dann mit einem Vorschlaghammer den Tisch zu malätrieren. Kleine Eindrücke aus den ersten 2 Episoden. Schaut bei you tube mal rein: Kraut und Rüben!

Die Gnade der frühen Geburt: ich durfte wenigstens stellenweise dieses Feeling des Lebens erfahren: z.B. Pennen und Teilen nach einem Abend im "Smile" oder "Thing" in Wohngemeinschaften, der Besuch von 3 Tage- Umsonst und Draußen-Festivals (unsere Woodstocks), echte Arbeitnehmerrechte usw.

Heute regiert Kommerz, Industrie, politikfreier AngeberHipHop usw, Rudi Dutschke und Rio Reiser sind auch schon lange tot, daher als Fazit folgender Song, schon damals die Erkenntnis:

http://youtu.be/WYZCovq71XE

Gerd Steinkoenig

26. August 2015 ·

LEBEN und Leben lassen

Jeder soll seine eigenen Meinungen haben

Jeder nach seiner Fasson

Aber ohne Rassismus, Hass, Gewalt, Brandanschläge

Die menschlichen Charaktere zeigen alle Facetten

Liebe und Hass

Toleranz und Intoleranz

Neugierde, Habgier, Ungeduld, Geduld,

Erfahrungen, Entwicklungen, Stillstand,

Intelligenz und Dummheit

Nächstenliebe und Nachsicht

Rückschritt und Machtmissbrauch

Neid und Mord

Hoffnung, Vernunft, Vertrauen, Zärtlichkeit

Ach ja, der Mensch

LEBEN und Leben lassen <3

LIFE (von Treue, Träume, Ziele...)

GERD STEINKOENIG·SONNTAG, 30. OKTOBER 20164 Mal gelesen

Die Geräusche, die Katzen nur bei Menschen machen, wenn das meine Diva Molly macht und sich mit mir unterhält, höre ich ihre Seele, ihre Zufriedenheit, auch ihre Unzufriedenheit, ich weiß, wie sie drauf ist. Immer treu, immer da, schnurrend immer mich suchend, sich wohlfühlend putzend, wie im Rudel in der Wildnis sich bei mir wärmend... 11 1/2 Jahre grenzenlose Treue und Liebe, egal wie ich drauf bin. Natürlich hat sie mich dementsprechend erzogen und mindestens 150x hab ich mich in die kleine Diva sowieso neu verliebt, hahaha :-D In der großen, weiten Welt kennt man sie auch, Hunderte Likes bekam sie schon auf der Seite Gerd´s Katze Molly hat ihre eigene Seite...

Das Leben erfindet sich immer neu - wenn man es zulässt. Die Sprüche der Ahnen stimmen: man lernt nie aus :-D Offen sein für Neues, offen und neugierig in die Zukunft schauen, DAS ist der richtige Weg. Stillstand ist Rückschritt. Der Mensch braucht Träume und Ziele, sonst ist er tot. Oh, ich weiß, die Erfüllung der Träume und Ziele werden immer wieder behindert durch lächelnde Menschen, die dir das Messer in den Rücken stoßen. Oder neben Bürokratie, Vorschriften usw hängt man selbst in einer Dauerschleife. Ich selbst war bis 2014 für Jahre in dieser Stillstandschleife - trotz Träume und Ziele. Aber mit Mut, positiver Energie, with a little help from very good friends, Aufbruchstimmung, Wagemut, wie auch immer, sein Leben gestalten, bereichern, die nötigen Schritte tun im jeweiligen Hier und Jetzt zur richtigen Zeit. Ich bin ja der Gegen die Windmühlen-Kämpfer: wieder und wieder versuche ich meine Träume und Ziele zu verwirklichen - auch wenn Situationen und Begebenheiten es nicht zulassen, verhindern wollen, Momente ändern. Aber das Wort "aufgeben" existiert nicht in meinem Wortschatz! Steht auf, Ihr Lieben, geht Euren Weg, versucht es immer wieder. Und unbedingt dran denken: Innere Ruhe, Gelassenheit, fließen und strömen lassen, Geduld - das ist der Weg zu Glück, Gesundheit, Ausgeglichenheit und alles klappt gleich besser :-D Wagt den Neuanfang wenn Ihr ihn für Eure Lebenszukunft braucht, wenn nötig, sucht die soziale Luftveränderung in eine neue Welt, hört auf Euer Herz, lasst Euch beraten, aber nicht belabern, hört auf Eure Seele <3

Musik ist das Streicheln der Seele - Hey Hey My My, Rock n Roll Can Never Die (Neil Young 1979)


Gerd Steinkoenig

21. Juli 2015 ·

LIFE

Wieviele Leben hat der Mensch? Auch 7 wie eine Katze? 10 oder 20 oder 30? Es kommt wohl auf jeden selbst drauf an, wieviele Leben er/sie hat. Manche Menschen wohl nur eins, denn es kommt auf Wandlungen an, Metamorphosen, Fortschritte, Erkenntnisse, Entwicklungen. Manche Menschen ändern sich nie - und haben nur eins - die Meisten aber sind in stetigem Zwiegespräch, in Neugierde, versuchen, machen, staunen, lernen, erkennen.... 92 % des Menschen stammt aus dem Universum, sagt sogar Lesch, all die Zusammensetzungen und Substanzen und Partikel - der Ursprung ist das Universum. Es lohnt sich im Einklang zu sein mit dem Universum - also mit sich selbst im Endeffekt.

Rückschläge, Enttäuschungen, hadern, warum, wieso, gehört zum Leben dazu. Und wenn man richtig agiert, bringt das einem weiter, neue Horizonte, neue Lebenssphären, den nächsten Weg erkennen, neues Leben... Egal was passiert, was das Schicksal mit einem vor hat, mit all den Möglichkeiten der Abzweigungen: Viva La Vida <3

MAD MAN MOON...

GERD STEINKOENIG·SAMSTAG, 27. FEBRUAR 20162 Mal gelesen

Mad Man Moon, Ripples, Entangled - 3 Songs aus dem fulminanten Progrock-Album "A Trick Of The Tail" von Genesis (1976): melancholisch, zeitlos, einmaliger nicht wiederkehrender Sound. Zeitreisen mit Musik. Zurückfahren ins Zimmer bei den Eltern, Plattenspieler, neugieriges hören und entdecken... Das Plattencover anschauen, die Texte lesen; eins werden mit der Musik mit dem Überstülpen der Kopfhörer (ich meine Kopfhörer, nicht die komischen Stöpsel heutzutage). Es ist Wochenende, Ende der 1970er, ich fahre nach KL zu meinen Kumpels in die einschlägigen "Studenten"Kneipen. Zappa läuft, Pink Floyd oder Jethro Tull oder eben Genesis (KL war in den 70ern eindeutig Genesis-Stadt - fragt mal das Lautrer Mädsche Stefanie Tücking). Das damalige Lebensgefühl, der damalige Geschmack von Freiheit... Ist das ein Gelaber von einem Menschen, der alten Zeiten nachtrauert? Nein! Überhaupt nicht! 2016 ist - rein privat, politisch ist die Weltlage ja kacke, aber das ist ein anderes Thema - außerdem: damals lebten wir schließlich auf dem Vulkan und tanzten zum Kalten Krieg...) - super, ich bin zufrieden, zuversichtlich, neugierig auf die Zukunft. Aber die Musik, diese unwiderbringlichen Zeiten der guten, alten Musik. Nun, ich bin auch heutiger Musik und neuen Sounds sehr angetan. Überhaupt kein Problem! Aber wohin sind die Zeiten, als Musik als Kunst und wertvolle Kultur verstanden wurde? Wo ist der Idealismus des Musik machen wollens, der Musik wegen - nicht wegen der Chartkohle? Das gab es auch in den 70ern, logo, Abba, Boney M... Heute scheint es mir nur so zu sein. Es gibt auch 2016 grandiose Rockmusik abseits der Charts. Aber wenn ich meine Topalben/songs hören möchte, weil ich eine schöne, geile Zeit will mit Musik, die direkt ins Blut, ins Herz, ins Hirn geht, dann sind es die alten Sounds, die oben genannte A Trick Of The Tail von Genesis. In dem Moment wünsche ich mir, das jeder das Feeling hört oder versteht, wenn man die Tür öffnet zu Mad Man Moon oder Ripples... Oder all die weiteren ProgrockSachen von Genesis (The Lamb Lies Down On Broadway, Selling England By The Pound), oder die Pink Floyd-Alben (Dark Side Of The Moon! Wish You Were Here!), oder hört mal das Album Watch von Manfred Manns Earthband. Oder Sachen von Supertramp, Yes, 10cc... So viel: abhotten mit dem Hardrock-Monument Made In Japan von Deep Purple, die Stufen erklimmen vom Stairway To Heaven von Led Zeppelin, all die LagerfeuerMomente mit Neil Young (Harvest!). Die Zeiten ändern sich, die Momente, die Sounds, die Zeitgeister.... Wer kann 2060 sagen, wie das Lebensgefühl war, 1976 oder 1979... Kann keiner, diese Momentums sind nicht konservierbar - nur in den Hirnen derer, die sie erlebt haben... Und sie werden für alle Zeiten verschwinden, wenn diejenigen Menschen in ihre nächste Lebensdimension entfahren...

Gerd Steinkoenig

29. Juli 2015 ·

MOLLY

Seit 10 1/2 Jahren mein Kätzchen Molly

Da ging was ab, mein lieber Scholli

Langweilig wird es mit ihr nie

Der Gerd und sein liebes Vieh

Böse kann man ihr nur 5 Sekunden sein

Da kommt aus ihren Augen der liebe Schein

Sie ist Diva, Raub- und Schmusekatze

Und am Liebsten tut sie ratze

Molly braucht Freiheit und unbeschwertes Leben

Auch in Zukunft werd ich gern ihr das geben <3


MUSIK

27. April 2012 um 15:15

Geschmacksache sagte der Affe und biss in die Seife...

Sagt Musikgeschmack etwas über die Art von Mensch aus?

Sind Musikantenstadl-Zuschauer automatisch ewig gestrige Spießbürger?

Hardrock-Fans automatisch cool und Techno-Fans automatisch debil?


Melancholie und Entspannung mit den Söhnen Mannheims

oder der MTV-Unplugged von Udo Lindenberg...

Paaarty und Bier mit Eddie Van Halen´s Gitarrensolis

oder dem ewig jungen Smoke On The Water von Deep Purple

Mehr als Musik hören, Hintergründe erforschen

neugierig die Popular Music History erkunden

Rocklexikon oder Rolling Stone

Greil Marcus-Bücher oder Musikexpress


Zeitgeister ändern Musikgenres

War der Schlager einst innovativ von

Michael Holm bis Marianne Rosenberg

ist er heute zumeist verkommen zum Suff-Soundtrack


Aus dem 1980er Rap mit Aussage -

wurde 2000er Hip Hop mit Gangstageprotze

1970er Alternative Rock mit moderner Zukunft -

wurde 2000er Alternative Rock voller Konservatismus


Progressive Rock-Hörer der 1970er

mit fortschrittlichen Aspekten bei Plattenspieler und Meinungen,

heute hängen sie vergangenen Zeiten nach

und sind vorsätzlich zu blöd für Internet und facebook


Leider ist Musik zur Wegwerfware mutiert

1980 studierte man Plattencover und Songtexte und Gitarrensolis

2012 zieht man für das IPod schnell 100 CDs runter

und natürlich wird alles ruckzuck gedownloaded

Musik als Erinnerungsfaktor mit Lieblingssongs und Lieblingsalben

Für mich Forever die Dark Side Of The Moon von Pink Floyd

Genesis und The Beatles, David Bowie und Neil Young

Kate Bush, Sade und Annie Lennox....

Aber natürlich bin ich offen für die Musik 2012

Coldplay und Joss Stone, Gorrillaz und Bruno Mars und Lady Gaga...

Und die "Ewigen" - 1985 schon dabei, heute immer noch, Lebensbegleiter

U 2 und Deep Purple, Metallica und Depeche Mode und Madonna....

Wie war der Anfang... Geschmacksache sagte der Affe...

Natürlich! Ein Volksmusik-Fan kann innovativ und fortschrittlich sein -

ein Hardrock-Fan kann total spießig und ewig gestrig sein...

Nur eines steht fest: THE MUSIC CAN NEVER DIE!!

MUSIK - ZWEITE VERSION

6. Mai 2012 um 15:15

Alle menschlichen Gefühle und Gedanken

sind in der Musik

Toleranz und Intoleranz, Kopf und Bauch

sind in der Musik

Jedes Zeitfenster spuckt seine Noten aus

Aus Außenseitern wird Mainstream

Bill Clinton spielt auf Saxofon "Hearbreak Hotel"

Walter Scheel singt "Hoch auf dem gelben Wagen"

Miles Davis, das Jazz-Genius, wandelt durch die Jahrzehnte

Die Väter vor dem Urknall aus Country oder Folk,

aus Jazz oder Swing oder Blues

Benny Goodman und Woody Guthry

Hank Williams oder Billie Holiday...

Die Urknallexplosion mit Elvis Presley und Chuck Berry

"Roll Over Beethoven"

Experiment, Idealismus, Befreiung in den 1960ern:

The Beatles, Bob Dylan, Jimi Hendrix oder The Supremes...

"All You Need Is Love"

Toleranz und Intoleranz, Kopf und Bauch

Reaggae und Rastafari mit Bob Marley

Punk und Pogo mit den Sex Pistols

Filigraner ProgressiveRock mit Genesis, Yes oder Pink Floyd

Schnelle HardrockGitarrensolis mit Deep Purple oder Led Zeppelin

Tanzen in der Disco mit "Saturday Night Fever"

Und in der ZDF-Hitparade laufen die Schlagerhelden

Die 1970er in all ihrer Vielfalt

Von Ziggy Stardust David Bowie bis

The Future of RocknRoll Bruce Springsteen

"Welcome To The Hotel California"...

Die Musik erfindet sich neu

Nachfolgende Generationen kreiren neue Sounds aus alten Vorlagen

Oder nachfolgende Generationen treten das Erbe mit Füßen

Aus dem "Respect"-Gedanken von Aretha Franklin wurde billiger Gangsta-Rap

Aber aus 70er ProgRock entstanden Porcupine Tree oder Riverside

Die Musik erfindet sich neu

Aus dem Casettenrecorder wurde ein usb-Stick

Aus dem UKW-Radio SWF3 wurde das Internetradio last.fm

Statt dem einst so stolzen MTV heißt es heute you tube schauen

Musiker stellen sich nicht einer Plattenfirma sondern bei einer InternetPlattform vor


Toleranz und Intoleranz...

... wäre es in Deutschland möglich, ein Open air-Festival

für einen guten Zweck mit Udo Lindenberg UND Heino

mit Rosenstolz UND Bushido

mit Kastelruther Spatzen UND Die Ärzte, Andrea Berg UND Toten Hosen

Herbert Grönemeyer UND Westernhagen, grins...

Xavier Naidoo betet zu Jesus und bittet um Verzeihung wegen der Böhsen Onkelz


Schon Friedrich der Große sprach: Jeder nach seiner Fasson...

Musik zum Entspannen, feiern, chillen, tanzen, denken, Horizont erweitern...

Wann bekommt der erste Textdichter den Nobelpreis für Literatur?

Bob Dylan war ja oft genug vorgeschlagen!

Den Friedensnobelpreis an Bob Geldof!

Hat Rock- und Popmusik Einfluss auf die Politik?

Oder war dies der Fall in Zeitblasen wie

Woodstock 1969 oder Live Aid 1985 oder Live Earth von Al Gore?

Musik macht gute Laune :-)

Viel Spaß mit Eurer Musik!

Rock oder Pop, Jazz oder Blues, Oper oder Musical

Disco oder RMB, Punk oder Reaggae, Beat oder RocknRoll

Schlager oder Volksmusik, Worldmusic oder Folk

Country oder Motown, Hip Hop oder Techno

Klassik oder Heavy Metal.... Für Jeden auf diesem Planeten

gibt es den individuellen Sound

Und ein Mensch der keine Musik hört

das kann kein Mensch sein...


Gerd Steinkoenig, 6. Mai 2012 15:12



MUSIK ZUM LESEN

GERD STEINKOENIG·SONNTAG, 15. JANUAR 2017

Seit den 1970ern höre ich nicht nur Musik, ich lese auch darüber: Hintergründe, History, Biografien, Entstehung von Alben und Stilen... Natürlich gibt es all die Musikfachblätter: Rolling Stone, Musikexpress, Eclipsed, Good Times, Visions, Metal Hammer, Classic Rock, Juice, Spex, Q, Mojo und wie sie alle heißen. In meiner Heftesammlung sind diese Blätter zu finden. Ich möchte aber über empfehlenswerte Bücher schreiben:

Eclipsed hat seit 2013 mittlerweile 3 Bände veröffentlicht mit dem schlichten, aber treffenden Namen "Rock". Untertitel: Das Gesamtwerk der größten Rockacts im Check. Und dies ist wörtlich zu nehmen. Unterteilt in Rubriken von Kaufrausch bis Fehlkauf wird jedes Album eines Acts analysiert. Es wird auf die besten Songs hingewiesen, die kompletten Discographien werden erwähnt. Es gibt Hintergrundinfos und Ausschnitte aus Kritiken der jeweiligen Erscheinungszeit. Viele Fotos kommen noch hinzu. Bisher in den 3 Büchern gecheckt wurden z.B. Pink Floyd, Genesis, die Beatles, Patti Smith, Foreigner, Peter Gabriel, Black Sabbath, King Crimson, David Bowie, Neil Young, Kate Bush, Bruce Springsteen, Kraftwerk, Tangerine Dream, Thin Lizzy, Fleetwood Mac, Jimi Hendrix, Rolling Stones, Marillion, Can, Uriah Heep, Grateful Dead, Alan Parsons Projekt, Bob Dylan, Supertramp,

Dire Straits, Camel, Joni Mitchell, Yes, Deep Purple u.v.a.

Das Rocklexikon aus dem Rowohlt-Verlag von Siegfried-Schmidt-Joos/Barry Graves u.a. hat in diesem Büchlein ein eigenes Kapitel: super Bioabrisse von Bob Dylan bis Frank Zappa, Anfängerfehler (z.B. "da fliegt mir doch das Blech weg" ist bei denen aus "Carbonara"...) und Marillion fehlt immer noch.

In den 70ern und 80ern erschien - auch im RowohltVerlag - jährlich ein sogenanntes Rock Session-Buch. Dort wurde seriös über alle möglichen Strömungen sinniert. Es schrieben z.B. in Band 1 von 1977 Leute wie Lester Bangs, Barry Graves, Klaus Humann oder Jörg Gülden. Themen jenes Bandes waren z.B. Frank Zappa - Lüstling oder Genie?, Achim Reichel: Rolling home zum Rock n Roll, Reggae und Salsa - Klänge aus dem Ghetto, Rock und Magie usw usw...

Besonders hervorzuheben sind die Bücher von Greil Marcus. Ich hab von ihm Lipstick Traces - von Dada bis Punk/eine geheime Kulturgeschichte des 20. Jahrhunderts, sowie Mystery Train - Der Traum von Amerika in Liedern der Rockmusik. Keiner schreibt so kenntnisreich und stellt so fantasievoll Verbindungen von musikalischen und gesellschaftlichen Ereignissen her. Der Rolling Stone: Mystery Train ist wahrscheinlich das beste Buch, das über Rockmusik geschrieben wurde.

Von Arnold Shaw gibt es Rock n Roll - Die Stars, die Musik und die Mythen der 50er Jahre. Der Mann arbeitete in jener Zeit im Musikgeschäft und unterhaltsam, kritisch, kenntnisreich erfährt man von Chuck Berry und Elvis Presley, Little Richard und Jerry Lee Lewis, Your Hitparade und The American Bandstand...

1981 gab Carl-Ludwig Reichert das Buch Fans, Gangs, Bands - ein Lesebuch der Rockjahre heraus. Da schrieb Udo Lindenberg einen Nachruf über Elvis Presley, es gab ein Gedicht über den Blues oder Achim Reichel nannte 10 klassische Gitarren-Rock-Intros.

Die meisten meiner Musikbücher sind aus den 70ern und 80ern. Sei es BOMP - Vergessenes, Verschollenes aus dem kalifornischen Rock n Roll-Fanzine (Greg Shaw) oder das Sachlexikon Rockmusik von Tibor Kneif. Die teilweise wissenschaftliche Herangehensweise, die journalistische Genauigkeit, wie sie damals in den Musikbüchern oft gab, fehlen heute zumeist. Oberflächliche Bildbände von DSDS-Stars oder Boygroups verkaufen sich halt besser. Schade... Mein Schreibvorbild ist übrigens Nik Cohn, dessen Pophistory von 1969 in seiner vorsätzlich subjektiven Art bis heute einmalig ist.


Musikalische Begleiter für die Ewigkeit aus allen Jahrzehnten - Kleine Auswahl

2. Juli 2015 um 22:15

1960er

Sgt. Pepper´s Lonely Hearts Club Band - The Beatles

The Beatles ("Weiße Album") - The Beatles

Abbey Road - The Beatles

Beggars Banquet - Rolling Stones

Highway 61 Revisited - Bob Dylan

The Velvet Underground and Nico

The Doors - The Doors

Sweetheart Of The Rodeo - The Byrds

Disraeli Gears - Cream

Electric Ladyland - Jimi Hendrix

Truth - Jeff Beck

Tommy - The Who

Cheap Thrills - Janis Joplin

Arthur - The Kinks

Happy Trails - Ouicksilver Messenger Service

The United States Of America

Dusty in Memphis - Dusty Springfield

Easy Rider - Soundtrack (Steppenwolf, Byrds u.a.)

On Time - Grand Funk Railroad

1970er

Deep Purple in Rock

Made in Japan - Deep Purple

(Untitled) - Led Zeppelin

The Song Remains The Same - Led Zeppelin

Meddle - Pink Floyd

The Dark Side Of The Moon - Pink Floyd

Wish You Were Here - Pink Floyd

Animals - Pink Floyd

The Wall - Pink Floyd

Foxtrot - Genesis

Selling England By The Pound - Genesis

The Lamb Lies Down On Broadway - Genesis

A Trick Of The Tail - Genesis

Wind and Wuthering - Genesis

Never Mind The Bollocks - Sex Pistols

Rumours - Fleetwood Mac

Crime Of The Century - Supertramp

Breakfast in America - Supertramp

Watch - Manfred Mann´s Earthband -

Yessongs - Yes

Going For The One - Yes

Songs In The Key Of Life - Stevie Wonder

The Kick Inside - Kate Bush

Darkness On The Edge Of Town - Bruce Springsteen

Harvest - Neil Young

Rust Never Sleeps - Neil Young

Heroes - David Bowie

Alladin Sane - David Bowie

Mensch Maschine - Kraftwerk

Bad Girls - Donna Summer

T´res Chic - Chic

Saturday Night Fever - Soundtrack (Bee Gees, Tavaras u.a.)

Highway To Hell - AC/DC

Love Drive - Scorpions

Wings Over America

Sticky Fingers - Rolling Stones

I Robot - Alan Parsons Projekt

Joe´s Garage Act One - Frank Zappa

Heavy Horses - Jethro Tull

Aqualung - Jethro Tull

Ballhaus Pompös - Udo Lindenberg

Nina Hagen Band

Another Mother Further - Mother´s Finest

A Night At The Opera - Queen

News Of The World - Queen

Electric Warrior - T.Rex

Desolation Boulevard - The Sweet

Piktor´s Verwandlungen - Anyone´s Daughter

One Nation Under A Groove - Funkadelic

Bridge Over Troubled Water - Simon & Garfunkel

The Album - Abba

What´s Going On - Marvin Gaye

Babylon By Bus - Bob Marley

On Stage - Rainbow

Live 1977 - Alice Cooper

Hasten Down The Wind - Linda Ronstadt

Hotel California - Eagles

Discovery - Electric Light Orchestra

Anytime... Anywhere - Rita Coolidge

Easter - Patti Smith Group

All n All - Earth Wind & Fire

Shaved Fish - John Lennon

1980er

War - U 2

The Joshua Tree - U 2

Love Over Gold - Dire Straits

Brothers in Arms - Dire Straits

Hounds Of Love - Kate Bush

Never For Ever - Kate Bush

Diamond Life - Sade

Black Celebration - Depeche Mode

Appetite For Destruction - Guns n Roses

Master Of Puppets - Metallica

Back In Black - AC/DC

Perfect Strangers - Deep Purple

The Seeds Of Love - Tears For Fears

Invisible Touch - Genesis

So - Peter Gabriel

Freedom - Neil Young

Born In The USA - Bruce Springsteen

Caverna Magica - Andreas Vollenweider

Third Stage - Boston

Zwesche Salzjebäck un Bier - BAP

Fragezeichen - Nena

Opel Gang - Toten Hosen

Sprünge - Herbert Grönemeyer

Like A Prayer - Madonna

True Blue - Madonna

Private Dancer - Tina Turner

Actually - Pet Shop Boys

Frankenchrist - Dead Kennedys

Thriller - Michael Jackson

Purple Rain - Prince

Ghost In The Machine - The Police

Zenyatta Mondatta - The Police

Woman And Children First - Van Halen

IV - Toto

Red Skies Over Paradise - Fischer Z

Aretha - Aretha Franklin

First Time - Grandmaster Flash & The Furious Five

Moving Pictures - Rush

Fugazi - Marillion

Misplaced Childhood - Marillion

Face Value - Phil Collins

Legend - Bob Marley

Ideal - Ideal

85 555 - Spliff

Out Of Time - R.E.M.

Whitney - Whitney Houston

1990er

Use Your Illussion I & II - Guns n Roses

Nevermind - Nirvana

The Division Bell - Pink Floyd

Anthology-Serie - The Beatles

Blue Lines - Massive Attack

Dummy - Portishead

OK Computer - Radiohead

Ten - Pearl Jam

Automatic For The People - R.E.M.

Grace - Jeff Buckley

The Score - Fugees

Violator - Depeche Mode

Music For The Jilted Generation - The Prodigy

Raveland - Marusha

Achtung Baby - U 2

Medusa - Annie Lennox

Die Bestie in Menschengestalt - Die Ärzte

Die vierte Dimension - Fantastischen Vier

Weißes Papier - Element Of Crime

The Delirium Years 1991-1997 - Porcupine Tree

Artist Of The Century - Elvis Presley

2000er

Curtain Call (The Hits) - Eminem

Come Away With Me - Norah Jones

Gorillaz - Gorillaz

A Rush Of Blood To The Head - Coldplay

Viva La Vida - Coldplay

Back To Black - Amy Winehouse

21 - Adele

American Idiot - Green Day

Greatest Hits... So Far - Pink

MTV Unplugged - Udo Lindenberg

Völkerball - Rammstein

Barrikaden von Eden - Söhne Mannheims

The Endless River - Pink Floyd

The Rising - Bruce Springsteen

Dauernd Jetzt - Herbert Grönemeyer

Fear Of A Blank Planet - Porcupine Tree

Chinese Democracy - Guns n Roses

Royal Albert Hall London May 2-3-5-6 2005 - Cream

Massey Hall 1971 - Neil Young

Chronicles Of The Immortals - Vanden Plas

Hinterland - Casper


Außer Konkurenz: Kind Of Blue - Miles Davis (1959)

Geheimtipp: And Then There Were Three - Genesis (1978)


Plus all die grandiosen Künstler, die hier nicht erwähnt sind von The Supremes bis Chuck Berry, Aerosmith, Billie Holiday, Anathema, John Lee Hooker, Santana, Miriam Makeba, Silbermond, Art of Noise, Iron Maiden oder Edith Piaf, Woody Guthry, ZZ Top, Sven Väth, Rihanna, Creedence Clearwater Revival, Tribute, Eloy, Grateful Dead, Emerson Lake &

Palmer, 2 Pac, Jay-Z, Mariah Carey, Asia, Glenn Miller, Foreigner, Kim Wilde, Astrud Gilberto, Talking Heads u.v.v.a. Kritiker-Götter wie The Strokes oder Tocotronic fehlen...

PS 2017 - Kleiner "Insider-Tipp": In den Musikfachblättern sind monatlich CDs beigelegt mit Songs aus aktuellen Alben, Songs eines Labels, Rare Fundstücke usw. In den letzten Rolling Stone-Ausgaben vor Buch-Deadline: Blue Hour - Die besten Songs von Jack White / mit Melvins, Dwight Yoakam, Margo Price u.a., Best Of 2016 / mit Wilco, Dinosaur Jr., John Southworth u.a.

Gerd Steinkoenig, 2. Juli 2015, Nachtrag 3. Juli 2015

MUSIK-ZEITEN....

14. November 2014 um 13:39

In den 1960ern oder 1970ern gab es musikalische Begebenheiten, die heute bei der Jugend nicht mehr vorstellbar sind. Die ersten Radiosendungen für junge Leute kamen, im Fernsehen in der ARD der "Beat-Club". Für die Erwachsenen war es "Affenmusik" oder "Negermusik", für die jungen Menschen taten sich neue Horizonte auf: eigene Musik, eigene Individualität, Aufbruch, Freiheit... Die Erwachsenen, gewohnt ihre Musik im Radio oder TV wie selbstverständlich zu hören - schließlich sind Jugendliche und Kinder zum erziehen und züchten da, warum sollen die ihre eigene Musik haben - waren fassungslos über die skandalösen, unzüchtigen Affenklänge von Beatles und Stones und Who usw... Die "Bravo" war in den 60ern und 70ern (zumindest in der ersten Hälfte) tatsächlich ein musikalisches Zentralorgan - mangels Konkurenz, und you tube oder MTV gab es auch noch nicht. Und natürlich waren die Aufklärungsserien ala Dr. Sommer für die Erwachsenen der Untergang des Abendlandes. Radio und TV waren zu jener Zeit aber auch aufgeschlossen und experimentell: Jimi Hendrix oder Led Zeppelin im Beat-Club, die legendären Rockpalast-Nächte mit Little Feat oder Spirit oder BAP, der Musikladen (wird zu schlecht heute in der Kritik behandelt - neben der kritisierten Discoparty ala Boney M oder Baccara, waren da auch The Police, Meat Loaf oder Blondie oder die Stones). Dies war übrigens alles in der ARD, die heutige Heimat von Mutantenstadl und Co... Das Radio bestand nicht wie heute aus formatierten Top 40-Scheiß, wo jeder Sender gleich klingt, ob man gerade in Hamburg ist oder in München, sondern erfand innovative Sendeformate, wie z.B. SWF 3-Popshop. Radio-DJs wie Frank Laufenberg oder Manfred Sexauer sind heute Legenden. Es machte einfach Spaß, den Abend hinzufiebern für eine bestimmte Radiosendung und die Songs mit dem Radiorecorder aufzunehmen - und wieder hat der Moderator am Schluss reingequatscht... Man erfuhr im Radio etwas über seine Lieblinge, genannt sei Laufenbergs "Facts und Platten" im SWF 3-Popshop. Damals waren die Möglichkeiten limitiert, in den SWF 3-Top Ten z.B. ewig "Carpet Crawlers" von Genesis gehört, ah ja, das ist also Genesis, beim Kumpel Platten von denen gebannt und neugierig gehört, später dann genug Kohle für Plattenkauf... Heute mutiert die Musik doch immer mehr zur Wegwerfware im Discountangebot via you tube, MP 3, I-Pod und Co. Natürlich hat es seine Vorteile, immer das hören zu können, was man möchte - das neue Coldplay-Album hab ich z.B. zuletzt downgeloaded. Oder viele bekannte Bands (als Beispiel die Artic Monkeys) sind erst durch das Internet groß geworden. Auch hier auf facebook hab ich einige talentierte Musiker als fb-Freunde. Aber es scheinen mir die individuellen Erkennungsmerkmale zu fehlen, zu sehr scheint mir heute alles uniformiert... Schön zu wissen, das genügend junge Menschen alte Musik von Pink Floyd bis Deep Purple oder U 2 hören - und von Rolling Stone bis Musikexpress (und die Wikipedias sowieso) gibt es viele historische Rückblicke...

2. Mai 2015 um 21:24 REZESSION ROCKLEXIKON

1973 erschien die erste Ausgabe des mittlerweile legendären Rocklexikons. Damals gab es kaum Literatur über Rock und Pop. 1975, 1990, 1998 erschienen Neuausgaben - und eben 2008. In Zukunft scheint das Nachschlagewerk nur noch online zu existieren.

Einschließlich 1990 war der Partner von Siegfried Schmidt-Joos Barry Graves, der dann verstarb. Seitdem ist immer ein anderer "Neuer" dabei. Das Rocklexikon hatte in den ersten Ausgaben den entscheidenden Vorteil, nicht aus Fansicht zu schreiben, sondern Tatsachen sprechen zu lassen. Das Ganze wurde verwoben mit positiven wie negativen Kritiken aus der Presse, ob Rolling Stone oder FAZ. Mittlerweile gibt es viele Publikationen - auch ohne Fansicht - die durchaus Konkurrenz für den Klassiker sind.

Entscheidende Vorteile der Biografieabrisse sind die Vielfältigkeit der Genres, die Genauigkeit der Daten, die Diskographien, die Zuordnungen in der Geschichte. Bluessängerinnen aus den 30ern finden sich genauso wie Bluesgittaristen, 50er Rock n Roll-Heroes sind genauso dabei wie die HardrockGiganten der 70er, ob Songwriter oder Hip Hopper, ob Poptitanen oder Progrocker, ob Funk, Soul, Motown, Punk, New Wave, Industrial, Lo Fi, Heavy Metal, Disco, Reaggae, Beat, Psychodelic, Folk, Country oder sonstwas: die großen Protagonisten sind in den 2 Bänden versammelt. Naturgemäß bei einem ROCKlexikon mehr Rock als z.B. Hip Hop. Gegenüber älteren Ausgaben wurden Jazzer wie Charlie Parker oder ein Neuntöner wie Stockhausen ganz rausgeschmissen. Das Sachstichwortverzeichnis ist leider auch nicht mehr vorhanden. Die Vollständigkeit von Musikern aus neueren Zeiten lässt zu wünschen übrig, aber die Wegbereiter zur heutigen Musik, die 50er bis 70er Heroes sind quasi komplett vertreten.

Für mich ärgerlich, das bei einem wirklich so wegweisenden Doppelschmöker - die Bios z.B. von Bob Dylan oder Neil Young oder den Rolling Stones sind grandios - lächerliche Fehler auftauchen, die stellenweise auch von Ausgabe zu Ausgabe übernommen werden: im Artikel über BAP z.B. wird "Kristallnaach" für alle Zeiten von 1985 sein / in einer Zeit als die Manfred Manns Earthband mit z.B. "Watch" auf dem Höhepunkt ihres Schaffens war, wird sie in der Bio quasi totgeschwiegen / beim eigentlich guten Artikel über Frank Farian, haben Boney M übermäßig viele Top 10-Hits (waren wohl alle Farian-Produkte gemeint) und sein eigener Erfolg "Rocky" ist lächerlicherweise aufeinmal die deutsche Version des Rocky-Soundtracks. Dies nur 3 Beispiele. Da denkt man sich natürlich, woher weiß ich, das alle Angaben in den anderen Einträgen richtig sind? Wenn ich mich bei einem Künstler nicht so auskenne?

Trotz der Fehler: im Rocklexikon sind soviele Musiknischen, Entdeckungen, Genres, Tipps, Wissen, das ich es den Wikipedias vorziehe und als Einweisung sozusagen in das Eintauchen in gehörte Musik eine unentbehrliche Hilfe ist.

Von The United States Of America bis Ruth Brown, von Coldplay bis zu den Beatles, von Miles Davis bis Jay Z, von Led Zeppelin bis Madonna bis Can, Kraftwerk, Metallica, Stevie Wonder, Ike & Tina Turner, Cocteau Twins, John Lee Hooker, Nena und und und und, im Rocklexikon sollte man fündig werden.


ROCK n ROLL - PART TWO

So ist eine Prosa betitelt, die ich im April 1987 schrieb. Nachfolgend das Original:

50er JAHRE - "PUT YOUR HEAD ON MY SHOULDER" (Paul Anka 1959)

Rhythm and Blues, Rock Around The Clock, Revolte und Urschrei.

Endlich was gegen die Alten - Freiheit, Good Vibrations, Elvis and Petticoats,

Autorücksitze und Jimmy Dean.

60er JAHRE - "SEE ME, FEEL ME, HEAL ME, TOUCH ME" (The Who 1969)

Das Herzstück rückblickend aus den 80ern.

Noch immer gibt es sie: die Daydreamer, die Freaks - da wurde Musik noch mit der Hand gemacht.

Mythen und Legenden: Beatles und Stones, die beiden Jimmy´s (haben sie "oben" endlich ne gemeinsame Band?)

Woodstock und Flower Power, der HappySurfsound der Beach Boys.

1966-69: die 60er ziehen ihre Kinder heran - die Superstars der 70er - Pink Floyd,

Genesis, Deep Purple, Led Zeppelin.... "Clapton Is God"

70er JAHRE - "YOU, YOU HAVE YOUR OWN SPECIAL WAY" (Genesis 1976)

Im Schatten der 60er bis `77

Mama, Just Killed A Man...

Stairway To Heaven...

Wish You Were Here...

School´s Out Forever...

The Time Is Gone, The Song Is Over...

Why Don´t You Touch Me, Touch Me...

Die Nickelbrille von John Lennen wird ausgetauscht gegen die Popperbrille von Elton John, oder gegen die Haarfrisuren von David Bowie Superstar - "Round Control To Major Tom...".

Und `77 dann die 3. Generation:

Die Punklederjacke und die Marley-Dreadlocks

Reaggae /Good Vibrations

Punk / Destroyer

Da kommen dann Police oder Dire Straits, Joe Jackson oder Talking Heads und 60er-Freak Neil Young singt `79: "It´s Better To Burn Out, Than To Fade Away"

80er JAHRE - "I´m A OWNER OF A LONELY HEART" (Yes 1983)

Die Punklederjacke anno `77 sieht ziemlich verwittert aus.

Computer, Synthies und Drummachines sind im Vormarsch. Aber es gibt auch U 2, Marillion oder Big Country - und die "Alten" sind immer noch drauf: Dire Straits, Stones, Genesis, Bowie...

Und aufeinmal anno ´86 spielen die Eurythmics sogar ne Hardrockgitarre - vielleicht gibt es ja doch die "Zukunft des Rock n Roll" (außer Bruce Springsteen...).

PS 2017: Ach ja, was/wie man so als "Jungspund" schrieb...


Sammelleidenschaft....

8. April 2014 um 15:53


Schon in der Steinzeit: der Mann, Jäger und/oder Sammler.... Ich gehöre zur letzteren Kategorie ;-) Hauptthema: Musik :-) Zwar schon vorher ein bisschen, aber so richtig los mit der Vinylsammlung ging es 1976. In der Handelsschule im Englischunterricht TIME von Pink Floyd gehört, Text übersetzt und analysiert (siehe Kapitel "Space Oddity, November Rain, Time in Deutsch!") - das nenn ich mal Schule :-) Nach dem Unterricht gleich das Album erworben. Gab es ab XMas 1972 hauptsächlich MusiCasetten mit The Sweet und Beatles, T.

Rex und Marianne Rosenberg aus dem Radio (z.B. Europawelle-Saar) waren die Eckpfeiler der LP-Sammlung Genesis und Pink Floyd und die Beatles. Das erste Album war 1975 Mamma Mia (Abba). Tja, damals wurde überwiegend Progrock (die Fachbücher einigten sich annodazumal auf den Begriff Kulturrock), Hardrock, Psychodelicrock und Folk gehört. Ich natürlich auch, und die Sammlung wuchs mit Led Zeppelin und Deep Purple, Jimi Hendrix und The Police und Kate Bush, David Bowie, Udo Lindenberg, Yes, EL & P, Neil Young, Supertramp oder Jethro Tull usw usw.... Ich werde nie den Tag vergessen, als ich das "Weiße Album" der Beatles kaufte oder die Wochenendnachmittage mit einem damaligen Freund mit VinylmusikNeuentdeckungen: "Ich hab da die Neue von.....", "Hast du schon die gehört...". Reaggae, New Wave, Punk, die Genres verzweigten sich. Nicht zu vergessen die VinylSingles: besonders erwähnt Tavaras mit Heaven Must Be Missing An Angel. Sind leider alle verschollen. 3 wichtige Singles überlebten: God Save The Queen/Sex Pistols, Michelle/Girl (Beatles, Original- Odeon), Action/SF Adams (The Sweet). Mittlerweile hab ich vom Flohmarkt wieder Singles ergattert... Ich erntete bei den Kumpels Kopfschütteln, da ich auch den guten Popsong erkannte bei Hot Chocolate oder Smokie.... Radio konnte man weiterhin hören, vorallem SWF 3, wie es damals hieß, der Pop-Shop mit Frank Laufenberg und Co, Sendungen wie Facts & Platten, LP-Hitparade oder Top Ten International. Kein Formatradio, sondern Moderatoren mit Ahnung von Musik. 1986 gehörte mir ein CD-Player. Für so manchen ein Sakrileg. Das Knistern der Plattennadel eintauschen gegen die sterile Silberscheibe? Was soll man heute erst sagen, zu Zeiten von MP3 und Wegwerfpop.... Die Zeiten der Gemütlichkeit (Cover studieren, feierlich Platte erstmals auflegen) waren allerdings vorbei. Die ersten 3 CDs zusammen mit dem Player erworben, waren die Brothers In Arms der Dire Straits (der erste CD-Millionenerfolg), die Master Of Puppets von Metallica, die Short Stories von Jon & Vangelis... Mittlerweile hab ich eine stattliche CD-Sammlung, manches habe ich als CD UND Vinyl: Inivisible Touch/Genesis, The Kick Inside/Kate Bush, Brothers In Arms/Dire Straits... Schon in den 70ern las ich Musikfachpresse wie Musikexpress oder Sounds und natürlich - man war noch jung - die Bravo (damals tatsächlich noch eine Musikzeitschrift, wo auch mal Robert Plant auf dem Titel war...), Ende der 70er kamen die ersten Musikbücher hinzu. Die Musikbücher (Rocklexikas, Rocksession-Bücher, Greil Marcus, Nik Cohn usw) kratzen heute an der Anzahl 50, die Hefte werden seit 1998 regelmäßig gesammelt: Rolling Stone und Musikexpress, Good Times und Eclipsed.... Und immer wieder tolle Sonderhefte oder Beigaben: vom Prince-Album nur im Rolling Stone bis zum 40 Jahre ME-Sonderheft bis zu den R.S.-500 besten Alben aller Zeiten bis zum R.S.-Heft mit den besten Beatles-Songs, dem ME-Heft mit den 700 besten Songs usw.... Oder die diversen Buchbeigaben wie z.B. die ME-Platten des Monats seit 1973... Diverse Mappenzusammenstellungen (mit Musikschriften meinerseits) existieren auch... Da finden sich z.B. Bravo-Staralben aus den 1970ern, Poster von Inga Rumpf bis Michael Jordan, LP-Kritiken aus den End70ern/Anfang 80ern aus dem ME bzw ME/Sounds usw.

Anm. des Autors: die Notiz ist doppelt so lang, würde sich aber zu sehr mit anderen Kapiteln überschneiden/wiederholen, daher gekürzt.... (Januar 2017)

SAMSTAGE...

.... mit ihrem Eigenleben. Wie von Geisterhand stürzen Männer wie Lemminge in die Baumärkte, an jeder Ecke hört man einen Rasenmäher, um 1/2 Vier hört man beim Hämmern und Werkeln die BundesligaKonferenzschaltung im Radio, wenn man es nicht laufen hat, hallen die Reporterstimmen von einem Nachbarn: Dorfleben, egal welches Jahrzehnt.... Vieles wandelt sich durch Technik, Zeitgeist, Entwicklung, was weiß ich - aber manches bleibt: Samstage - Vorfreude auf das Saturday Night Fever (damals "I Feel Love", heute seelenloser 08/15-Techno), Auto waschen (damals zu Hause von Hand, heute Autowaschanlage), Vorfreude auf TV-Samstagabend-Shows (damals Am laufenden Band oder Ohnesorge, heute Wetten Dass oder DSDS), seit über 50 Jahren Das Aktuelle Sportstudio, Samstagsachen einfach (ich hoffe, wegen Energieknappheit oder Armut, kommt das 1mal in der Woche-Baden am SA nicht zurück...). Im Laufe des Lebens, im Wandel der eigenen Jahre, hatte der Samstag immer wieder neue Prioritäten. Rudi Carrell gucken mit den Eltern, Zeiten später mit den Freunden die Umgebung unsicher machen: Grillpartys, Kneipen, Discos, Homepartys... Je älter man wird, ändert sich wieder das Verhalten: die Lebenserfahrungen von heute mit der Jugend von damals - das wäre optimal.... Andererseits wiederum nicht, oder doch? Wer weiß, was geschehen wäre bei anderen Abbiegungen im Laufe des Lebens. Schließlich bin ich rundum zufrieden, wen hätte ich womöglich gar nicht kennengelernt, welche Bereicherung des Lebens hätte ich nicht erfahren dürfen.... Ich möchte keinen Tag jünger sein. So viele wertvolle Erkenntnisse des Lebens durfte ich erfahren. An Samstagen hab ich immer ein besonderes Gefühl, anders wie an anderen Tagen ;-)


SMOKE ON THE WATER (AUS DER WIKIPEDIA)

Am 4. Dezember 1971 war Deep Purple in Montreux, um ein neues Album in einem mobilen Tonstudio, das sie von den Rolling Stones gemietet hatten, aufzunehmen. Sie bezogen Quartier in einem Gebäude, das zum Casino von Montreux gehörte (das „gambling house", auf das der Text sich bezieht). An diesem Abend gaben Frank Zappa und The Mothers of Invention ein Konzert im Casino, während dessen ein Feuer ausbrach. Angeblich hatte ein Schweizer Fan mit einer Signalpistole an die Decke des Konzertsaals geschossen („some stupid with a flare gun" heißt es im Text). Der gesamte Gebäudekomplex mitsamt dem Equipment der Mothers wurde zerstört. Der „Funky Claude", der im Lied erwähnt wird, war Claude Nobs, der Direktor des Montreux Jazz Festivals, der den Besuchern half, sich vor dem Feuer zu retten („Funky Claude was running in and out/Pulling kids out the ground").[5] Der Titel des Songs, dessen Arbeitstitel ursprünglich Durh, Durh, Durh hieß, bezieht sich auf den Rauch, der sich über dem Genfersee ausbreitete und der von den Musikern von Deep Purple in ihrem Hotel beobachtet wurde. Vom Zappa-Konzert existiert ein Bootleg mit dem Titel Swiss Cheese/Fire!.

SONGS

Stairway To Heaven (Led Zeppelin)

Supper´s Ready (Genesis)

Afterglow (Genesis)

Burning Rope (Genesis)

Echoes (Pink Floyd)

Us And Them (Pink Floyd)

Comfortably Numb (Pink Floyd)

While My Guitar Gently Weeps (The Beatles)

And I Love Her (The Beatles)

A Day In The Life (The Beatles)

Every Little Thing She Does Is Magic (The Police)

Spirits In The Material World (The Police)

Mysterious Way (U 2)

It´s A Beautiful Day (U 2)

Brothers In Arms (Dire Straits)

Telegraph Road (Dire Straits)

Viva La Vida (Coldplay)

Respect (Aretha Franklin)

Stop! In The Name Of Love (The Supremes)

Billy Jean (Michael Jackson)

Master Blaster (Stevie Wonder)

Purple Rain (Prince)

I Want Your Love (Chic)

I Feel Love (Donna Summer)

Redemption Song (Bob Marley)

Could You Be Loved (Bob Marley)

Highway Star (Deep Purple)

Highway To Hell (AC/DC)

Tom Sawyer (Rush)

I Love The Night (Blue Öyster Cult)

School (Supertramp)

The Passenger (Iggy Pop)

Heroes (David Bowie)

Sense Of Doubt (David Bowie)

Rockin´In The Free World (Neil Young)

The Needle And The Damage Done (Neil Young)

Born To Run (Bruce Springsteen)

The Rising (Bruce Springsteen)

Wuthering Heights (Kate Bush)

Cloudbusting (Kate Bush)

Hammer Horror (Kate Bush)

Your Love Is King (Sade)

Why (Annie Lennox)

Like A Prayer (Madonna)

Hung Up (Madonna)

Private Dancer (Tina Turner)

Unfinished Symphaty (Massive Attack)

Symphatie For The Devil (Rolling Stones)

Phinball Wizzard (The Who)

Moments In Love (The Art Of Noise)

The Raven (Alan Parsons Projekt)

Africa (Toto)

Bohemian Rhapsody (Queen)

Somebody To Love (Queen)

Hotel California (Eagles)

Desperado (Eagles)

Love In An Elevator (Aerosmith)

Stan (Eminem)

California Love (2 Pac feat. Dr. Dree)

I Got A Feeling (Black Eyed Peas)

Diamonds (Rihanna)

Crazy In Love (Beyonce)

Radar Love (Golden Earing)

Love Hurts (Nazareth)

Fox On The Run (The Sweet)

Metal Guru (T. Rex)

Feel (Robbie Williams)

Last Dance With Mary Jane (Tom Petty)

Aqualung (Jethro Tull)

Black Sunday (Jethro Tull)

Lovely Sunday Morning (Scorpions)

Master Of Puppets (Metallica)

November Rain (Guns n Roses)

Shaft (Isaac Hayes)

Fantasy (Earth Wind and Fire)

Me And Bobbie McGee (Janis Joplin)

The Wind Cries Mary (Jimi Hendrix)

Son Of A Preacher Man (Dusty Springfield)

Son Of A Preacher Man (Joss Stone)

Johnny B. Goode (Chuck Berry)

To Know Him But To Love Him (Teddy Bears)

A Whiter Shade Of Pale (Procol Harum)

Wonderwall (Oasis)

Clint Eastwood (Gorillaz)

A Change Is Gonna Come (Sam Cooke)

We´re All Alone (Rita Coolidge)

In Your Eyes (Peter Gabriel)

In The Air Tonight (Phil Collins)

Layla (Derek and The Dominos/Eric Clapton)

Judy Blue Eyes (Crosby Stills Nash and Young)

Blue Jeans Blues (ZZ Top)

Samba Pa Ti (Santana)

Dreams (Fleetwood Mac)

Smells Like Teen Spirit (Nirvana)

Everybody Hurts (R.E.M.)

Close To The Edge (Yes)

Fly Like An Eagle (Steve Miller Band)

California (Manfred Mann´s Earthband)

Wish I Could Fly (Roxette)

West End Girls (Pet Shop Boys)

Never Let Me Down Again (Depeche Mode)

Everything Counts (Depeche Mode)

Don´t Look Back (Peter Tosh feat. Mick Jagger)

Rock n Roll Gipsy (Helen Schneider)

Lady Fantasy (Camel)

In The Wake Of Poseidon (King Crimson)

We Are Family (Sister Sledge)

Get Lucky (Daft Punk)

Imagine (John Lennon)

Woman (John Lennon)

Band On Thr Run (Wings)

The Message (Grandmaster Flash and The Furious Five)

Upside Down (Diana Ross)

Boulevard Of Broken Dreams (Green Day)

Forgotten Sons (Marillion)

Dust In The Wind (Kansas)

Heart Of Glass (Blondie)

Kids In America (Kim Wilde)

Jump (Pointer Sisters)

Jump (Van Halen)

Here I Go Again (Whitesnake)

Child In Time (Deep Purple)

Thank You (Led Zeppelin)

I´m The Walrus (The Beatles)

Satisfaction (Rolling Stones)

Beat It (Michael Jackson)

Eagle (Abba)

The Torture Never Stops (Frank Zappa)

Catholic Girls (Frank Zappa)

Seven Nation Army (White Stripes)

Dreaming Light (Anathema)

In The Ghetto (Elvis Presley)

Bahnhofskino (BAP)

Verdamp lang her (BAP)

Kinder an die Macht (Herbert Grönemeyer)

Fragezeichen (Nena)

Cowboy Rocker (Udo Lindenberg)

Freiheit (Söhne Mannheims)

Taximann (MM Westernhagen)

Heut Nacht (Spliff)

Berlin (Ideal)

Waterloo Sunset (Kinks)

More Than A Feeling (Boston)

Urgent (Foreigner)

Spoon (Can)

Can The Can (Suzi Quatro)

Mystery Song (Status Quo)

Blinded By The Light (Manfred Mann´s Earthband)

Julia (Pavlov´s Dog)

Nights In White Satin (Moody Blues)

Hello (Lionel Ritchie)

You Make Me Feel (Sylvester)

Freedom (Richie Havens)

Alone (Heart)

Leader Of The Pack (Shangri Las)

Be My Baby (Ronettes)

Blue Bayou (Linda Ronstadt)

Nobody Does It Better (Carly Simon)

Fade To Grey (Visage)

I Like Chopin (Gazebo)

Superfly (Curtis Mayfield)

What´s Going On (Marvin Gaye)

I Was Made For Lovin´You (Kiss)

Bridge Over Troubled Water (Simon and Garfunkel)

Kashmir (Led Zeppelin)

Blood On The Rooftops (Genesis)

Time (Pink Floyd)

If You Leave Me Now (Chicago)

Anesthetize (Porcupine Tree)

Hinterland (Casper)

Macht kaputt was euch kaputt macht (Ton Steine Scherben)

Der Traum ist aus (Rio Reiser)

Der Spinner (Nina Hagen Band)

Neckarbrückenblues (Joy Fleming)

Clocks (Coldplay)

Ride On (AC/DC)

Run To The Hills (Iron Maiden)

Gimme Shelter (Rolling Stones)

Ball And Chain (Janis Joplin)

Nutbush City Limits (Ike & Tina Turner)

September (Earth Wind & Fire)

Celebrate (Kool & The Gang)

Ace Of Spades (Motörhead)

Paranoid (Black Sabbath)

July Morning (Uriah Heep)

Silver Machine (Hawkwind)

Hey Joe (Jimi Hendrix)

Das Beste (Silbermond)

Das Leben (Udo Lindenberg)

Morgen (Herbert Grönemeyer)

Willy (Konstantin Wecker)

Der Tankerkönig (Hannes Wader)

Geile Zeit (Juli)

An Tagen wie diesen (Fettes Brot)

Liebe kann so weh tun (Marianne Rosenberg)

Wildes Wasser (Juliane Werding)

Sunny (Boney M)

Like A Rolling Stone (Bob Dylan)

It´s Raining Again (Supertramp)

I Wish (Stevie Wonder)

When I Need You (Albert Hammond)

When I Need You (Leo Sayer)

The Air That I Breathe (Hollies)

Bleeding Love (Leona Lewis)

Dirty (Christina Aguilera)

Bittersweet Symphony (Verve)

Elected (Alice Cooper)

Merry XMas Everybody (Slade)

Baker Street (Gerry Rafferty)

I Say A Little Prayer (Aretha Franklin)

I Wanna Dance With Somebody (Whitney Houston)

Hit The Road Jack (Ray Charles)

Tutti Frutti (Little Richard)

Black Hole Sun (Soundgarden)

Jeremy (Pearl Jam)

Hallelujah (Leonard Cohen)

Please Love Me (Melanie)

Hurt (Johnny Cash)

Light My Fire (The Doors)

I Feel Free (Cream)

You Should Be Dancing (Bee Gees)

Teardrop (Massive Attack feat. Liz Fraser)

Glorybox (Portishead)

Mistreated (Rainbow)

Kinder (Bettina Wegner)

Still Got The Blues (Gary Moore)

Numb/Encore (Linkin Park feat Jay Z)

Schrei nach Liebe (Die Ärzte)

Morning Has Broken (Cat Stevens)

Baby Love (Mothers Finest)

Dieser Weg (Xavier Naidoo)

Cocaine In My Brain (Dillinger)

Beds Are Burning (Midnight Oil)

Don´t Speak (No Doubt)

Knockin On Heaven´s Door (Guns n Roses)

Happy (Pharell Williams)

Rent (Pet Shop Boys)

People Get Ready (Jeff Beck feat. Rod Stewart)

7 Seconds (Neneh Cherry feat. Youssou N´Dour)

Here Comes The Rain Again (Eurythmics)

Enter Sandman (Metallica)

Vincent Price (Deep Purple)

Keine Ist (Rödelheim Hartreim Projekt)

MfG (Fantastischen Vier)

Lieb Vaterland magst ruhig sein (Udo Jürgens)

Black Star (David Bowie)

Changes (Yes)

Why Can´t We Live Together (Sade)

Rain Song (Led Zeppelin)

Losing My Religion (R.E.M.)

Englishman In New York (Sting)

So What (Miles Davis)

Strange Fruit (Billie Holiday)

Where Did You Sleep Last Night (Leadbelly)

Where Did You Sleep Last Night (Nirvana)

Message In A Bottle (The Police)

Crazy (Aerosmith)

One (U 2)

Rhythm Is A Dancer (Snap)

Yeke Yeke (Mory Kante)

Girl From Ipanema (Astrud Gilberto)

The Road (Jackson Browne)

Trasher (Neil Young)

Im Nin Alu (Ofra Haza)

Friday I´m In Love (The Cure)

God Save The Queen (Sex Pistols)

An Tagen wie diesen (Toten Hosen)

The Weight (The Band)

The Pusher (Steppenwolf)

Wishing Well (Terence Trent D´Arby)

Winter in Canada (Elisa Gabbai)

Don´t Wake The Lion (Magnum)

Kiss And Say Goodbye (Manhattans)

I´m Going Home (Ten Years After)

Just The Way You Are (Billy Joel)

Try (Pink)

Philadelphia Freedom (Elton John)

Love Machine (Supermax)

San Francisco Nights (Eric Burdon & The Animals)

The Living Years (Mike & The Mechanics)

Isn´t She Lovely (Stevie Wonder)

Can´t Get You Out Of My Head ( Kylie Minogue)

Yankee Rose (David Lee Roth)

Kayleigh/Lavender (Marillion)

Word Up (Cameo)

Gangsta´s Paradise (Coolio)

Hot Stuff (Donna Summer)

What Goes Around (Justin Timberlake)

Keine Lust (Rammstein)

Personal Jesus (Depeche Mode)

Personal Jesus (Marylin Manson)

Don´t Fear The Reaper (Blue Öyster Cult)

My Sharona (The Knack)

Airport (Motors)

London Calling (The Clash)

Bird Song (Lene Lovich)

My Girl (Temptations)

Papa Was A Rolling Stone (Temptations)

It Takes Me Away (Marusha)

Donnerstag (Bernie´s Autobahnband)

Rockenhausen (Tribute)

Eiszeit (Peter Maffay)

Nur geträumt (Nena)

All The Things She Said (t.A.T.u.)

Mr. Blue Sky (E.L.O.)

See My Baby Jive (Wizzard)

So You Win Again (Hot Chocolate)

Babe (Styx)

Don´t Be Late (Saga)

Crusader (Saxon)

Für Immer (Doro & Warlock)

Night After Night (UK)

My Baby Just Cares For Me (Nina Simone)

Killing Me Softly With His Song (Roberta Flack)

Killing Me Softly With His Song (The Fugees)

Weather With You (Crowded House)

Wenn das Liebe ist (Glashaus)

Moi Lolita (Alizee)

Senza Una Donna (Zuccherro feat. Paul Young)

American Woman (Guess Who)

American Woman (Lenny Kravitz)

"Außer Konkurenz": Grocer Jack (Excerpt From A Teenage Opera) - Keith West (1967)

Als ich 1972 meinen 1. Casettenrecorder bekam, war von Bekannten meiner Eltern eine MusiCasette beigelegt, und da war dieser Song drauf. Wie ich viele Jahre später im Rolling Stone las, ist es ein Fragment einer Rockoper von Pete Townshend, die nie entstand. Der Song gehört zu meinen Tausenden kleinen LifeSoundtrack-Mosaiksteinchen. Weitere Beispiele aus dieser Songliste (stellvertretend für das komplette Büchlein): Unfinished Symphaty (Massive Attack) ist das Title-Theme meiner OK-KL-TV-Musikshow SMOKE - das Musikcafe, If You Leave Me Now (Chicago) und When I Need You (Leo Sayer) waren in den 70ern meine Liebeskummer-Schmachtfetzen, I Want Your Love (Chic) lief während meines "Ersten Mal" usw etc....

Oder Kneipen/Disco-Momente: You Should Be Dancing war der erste Song den ich je in einer Disco hörte (das legendäre Old Vienna in K-Town, am gleichen Abend auch im KL 2000...), I Feel Love erinnert mich an das Trocadero in K-Town, und im Top Ten in der gleichen Stadt lief 1977 abwechselnd die Saturday Night Fever, die Rumours von Fleetwood Mac und die Frampton Comes Alive - bis heute sind alle drei zu den erfolgreichsten Alben aller Zeiten gehörend. Im MASH in Landau (Pfalz) lief Genesis oder Bob Marley, im Why Not in Mayen aktueller Discosound, in der Rumpelkammer in K-Town hauptsächlich abgefahrener Rock, im Rabennest in Weilerbach war es gemischt, aber auch viel Rockiges: Free Me (Uriah Heep). Kann sich heute keiner mehr vorstellen: über der Woche eine Kneipe, wurde das Rabennest am Wochenende zur Disco umfunktioniert... Zu erwähnen z.B. auch der Dicke Engel in Mannheim: wenn der Blue Jeans Blues lief, wusste man, gemütlich Bier austrinken, Feierabend... Und es hielt sich jeder dran! Im Backstew in Daun (Eifel) lief oft Gamma Ray (Birth Control), Fly Like An Eagle (Steve Miller Band) und Suzie Q (Creedence Clearwater Revival). Und nochmal nach K-Town: das Thing hatte mal den Rappel und spielte dauernd die Rocky Horror Picture Show, gerne auch den Alabama Song (Doors) und das legendäre Smile mit Genesis und Jethro Tull und Zappa...Nun weiß ich endlich, warum dieses "Wissen" in meinem Hirn hängenblieb - damit ich es jetzt aufschreiben konnte, grins...

Und viele, viele andere Songs mehr, eine Liste, die NIE vollständig sein wird... Weitere Songs sind im Büchlein verteilt oder auf den vielen genannten Alben "versteckt". Dies ist auch keine Original-Notiz. Ich muss zugeben, sie ist aus 2 Notizen zusammengeschustert und habe noch Songs dazugeschrieben... Ein bisschen bringt es aber meinen Soundtrack rüber... Und in Modern Times - wenn Ihr was sucht, es ist in you tube-Zeiten ganz einfach: In dem Santana-Song singt der Everlast doch immer "Hey Now", Mensch, wie heißt denn die Nummer nochmal: "Hey Now" und Santana eingeben und ruckzuck kommt der richtige Song raus... Put Your Lights On... Manche Songfavoriten aus der Liste beziehen sich auf you tube: z.B. die Teardrop-Version von Massive Attack mit Liz Fraser kenne ich erst aus einem dortigen Video...

Space Oddity, November Rain, Time in Deutsch!

GERD STEINKOENIG·FREITAG, 20. JANUAR 2017

SPACE ODDITY SONGTEXT ÜBERSETZUNG

"Bodenstation an Major Tom!"

"Bodenstation an Major Tom!"

"Nehmen Sie Ihre Proteinpillen ein und setzen Sie Ihren Helm auf!"

(Zehn, neun, acht)

"Bodenstation an Major Tom!"

(Sieben, sechs, fünf)

"Der Countdown beginnt, Maschinen an!

(Vier, drei, zwei)

Überprüfen Sie die Zündung, und möge die Liebe Gottes mit Ihnen sein!"

(Eins, Start!)

"Hier ist die Bodenstation, an Major Tom!"

"Sie haben es echt geschafft!

Hier wollen die Zeitungen wissen, wessen Hemd Sie tragen!"

"Jetzt ist Zeit, die Raumkapsel zu verlassen, wenn Sie sich das trauen!"

"Hier ist Major Tom, an Bodenkontrolle!"

"Ich trete gerade durch die Tür,

Und ich schwebe auf eine sehr seltsame Weise!

Und die Sterne - sie sehen heute so sehr anders aus..."

"...denn hier sitze ich in einer Blechdose

Hoch, hoch über der Welt!

Der Planet Erde erscheint blau

Und es gibt nichts, was ich noch tun kann."

Obwohl ich Hunderttausend Meilen weit weg bin,

Fühle ich mich ganz ruhig.

Und ich glaube, mein Raumschiff weiß den Weg.

Sagen Sie meiner Frau, dass ich sie sehr liebe,

Wie sie weiß.

"Bodenstation an Major Tom!"

"Ihr Schaltkreis ist tot, da stimmt was nicht!"

"Können Sie mich hören, Major Tom?"

"Können Sie mich hören, Major Tom?"

"Können Sie mich hören, Major Tom?"

"Können Sie ..."

Ich schwebe hier um meine Blechdose

Hoch über dem Mond

Der Planet Erde erscheint blau

Und es gibt nichts, was ich noch tun kann


November Rain deutsche Übersetzung


novemberregen

wenn ich in deine augen sehe

kann ich eine unterdrückte Liebe sehen

aber liebling wenn ich dich halte

ist dir dann nicht klar, dass ich gleiches empfinde

denn nichts währt für immer

und wir beide wissen, dass herzen sich ändern können und es ist schwer, eine brennende kerze zu halten

im kalten novemberregen

wir haben all dies nun erlebt

seit so langer, langer zeit

und haben versucht, den schmerz zu betäuben

aber liebhaber werden immer kommen

und liebhaber werden immer gehen

und niemand weiss wirklich genau

wer heute aufgeben

und davongehen wird

wenn wir uns die zeit nehmen könnten

klarheit zwischen uns zu schaffen

dann könnte ich meinem kopf ruhe gönnen

und wüsste einfach, dass du mein wärst

ganz mein

wenn du mich also lieben willst

dann, liebling halte nichts zurück

sonst werde ich am ende doch noch hinausgehen

in den kalten novemberregen

brauchst du etwas zeit ... ganz für dich

brauchst du etwas zeit ... ganz allein

jeder braucht ein wenig zeit ... ganz für sich

weisst du nicht, dass du etwas zeit brauchst ...

ganz allein

ich weiss, es ist schwer sein herz offen zu halten

wenn sogar freunde darauf aus zu sein scheinen, dich zu verletzen

aber wenn du ein gebrochenes herz

heilen könntest

würde dir die zeit dabei nicht hilfreich beistehen

manchmal brauche ich etwas zeit ... für mich

manchmal brauche ich etwas zeit ... ganz allein

jeder braucht ein wenig zeit ... ganz für sich

weisst du nicht, dass du etwas zeit brauchst ...

ganz allein

und wenn deine ängste vergehen

und die schatten noch immer bleiben

dann weiss ich, dass du mich lieben kannst

wenn niemandem mehr die schuld gegeben werden kann

also kümmere dich nicht um die finsternis

wir könnten trotzdem einen weg finden

denn nichts währt für immer

nicht einmal der kalte novemberregen


TIME SONGTEXT ÜBERSETZUNG


Die Phasen eines trüben Tages vorüberbringend,

Verplemperst und verzottelst Du die Stunden mal so nebenbei.

Schlenderst herum auf der Scholle Deiner Heimatstadt,

Wartest auf etwas oder jemanden, der Dir zeigt wo's lang geht.

Du hast es satt (im Urlaub) in der Sonne zu braten, schaust zu hause lieber dem Regen zu.

Du bist jung, Dein Leben steht noch vor Dir, da kann man doch die Zeit vertrödeln.

Und plötzlich merkst Du: Wieder 10 Jahre verdaddelt!

Keiner gekommen, Dir zu sagen, ab wann es los geht: Startschuss leider verpasst.

Jetzt rennst Du und rennst, versuchst noch schnell die Sonne einzuholen und doch geht Sie vor Deinen Augen unter;

Läuft um und geht hinter Deinem Rücken wieder auf.

Die Sonne ist wie sie immer war, DU bist älter geworden.

Dein Atem kürzer und Du dem Tod einen Tag näher.

Die Jahre gehen immer schneller dahin, DIE Phase in Deinem Leben kommt einfach nicht.

Entweder scheitern Deine Pläne oder sie sind nur eine halbe Seite hingeschmierter Text

Sich in stiller Verzweiflung zu erhängen, ist die englische Art, damit umzugehen:

Die Zeit ist aus, das Lied zu Ende, ich dachte, ich hätte mehr bewegen sollen (in meinem abgelaufenen Leben).

Zuhause, endlich wieder Zuhause.

Ich bin gerne hier, wenn ich es sein kann.

Komme ich nach Hause, durchgefroren und müde,

Dann tut es gut, sich die Knochen am Feuer zu wärmen.

Von weit weg über dem Feld,

Ertönt das Läuten der schweren Glocke.

Sie mahnt die Gläubigen auf die Knie zu gehen,

Um die flüsterleisen Zaubersprüche zu empfangen.



Gerd Steinkoenig

26. September 2013 ·

Straßen, Heimat, Hinterhöfe

Das Fenster offen, Katze Molly chillt,

die Luft trägt die Geräusche ins Wohnzimmer,

Autos, Stadtgeräusche, Gemurmel,

Fenster zum Hof-Feeling ala Hitchcock.


Ich laufe durch die Stadt,

vertraute Häuser und Straßen,

gewohnte Konstanten auch nach Jahrzehnten,

ein Teenie fühlt genauso wie ein Opa:

Gedanken an Kaiserslautern, Heimat.


Ach, wo war ich überall, Mannheim,

Frankfurt und München,

Hamburg und Stuttgart,

aber wenn ich die ersten Häuser sehe

von Kaiserslautern, dann weiß ich,

ich bin zu Hause, fühle mich wohl.

Kneipen und Discos, formatierte Innenstädte

mit Aldi, 1Euro-Läden oder Bäckereien,

leer stehende Läden zum Vermieten,

Graffitis und Schlägereien um Mitternacht,

Arbeitslose und leere Kassen,

wie in jeder Stadt, auch das ist K-Town.

Aber vorallem die typisch Lautrer Architektur,

der 1. FC Kaiserslautern und meine Trauerweide

im Hagelgrund, Geschichte und Erinnerungen,

Opa denkt an Fritz Walter 1954, ich erinnere mich gerade an

Smile, Thing oder Old Vienna in den 70ern,

der Teenie geht am Wochenende ins Underground

oder in die Nachtschicht.

Ich laufe durch die Straßen, die Herbstsonne scheint,

vertraute Bilder, Zeitgeister und Erinnerungen,

und vorallem Zukunft und Tatendrang!

PS 2017 - Aus und vorbei... Nur der FCK interessiert noch an KL... Siehe Kapitel "Gelassenheit".

VINYL-MUSEUM... - oder: eine andere Art "Story of Rock" 24.9.16
GERD STEINKOENIG·SAMSTAG, 24. SEPTEMBER 2016

... bei mir an der Wohnzimmerwand, hahaha :-D Covers von großer VinylMusik! Es sind zeitlose Lieblinge des Verfassers aus den Vinyljahrzehnten. Ich versuchte auch, es ein bisschen künstlerisch anzupinnen, z.B. wie David so zu der Linda rüberguckt, lach ;-) Manche fehlen, weil ich schlicht das Album nicht habe oder auf CD existiert (oder als Download auf einem Stick...). Außerdem sind von jedem Künstler nur EIN Album ausgewählt. Also, von Genesis hätten es auch 3 oder 4 andere Covers sein können. Aber das NURSERY CRYME-Cover passt am Besten. Folgend eine persönliche Story of Rock anhand des "Wohnzimmer-Vinylmuseums":Ich fang an mit dem Cover über der Tür: ON STAGE/DAVID BOWIE. Das Album fasst die legendären Knaller aus den 1970ern zusammen, von "Heroes" bis "Sense Of Doubt" oder "Station To Station". Der Mann ist für mich faszinierend, gerade seine Berlin-Zeit. Rechts von der Tür SIMPLE DREAMS/LINDA RONSTADT, WITH THE KICK/HELEN SCHNEIDER, WENN MEINE LIEDER NICHT MEHR STIMMEN/BETTINA WEGNER, TIME TO TURN/ELOY: Tauchen nicht unbedingt in All Time-Bestenlisten auf, sind aber herausragend. Linda mit ihrem Countrypop ala "Blue Bayou", Helen z.B. mit Lindenberg-Kompos und ihrem ÜberHit "Rock n Roll Gipsy", DDR-Liedermacherin Bettina hat passende Texte (ihr Sind so kleine Hände-Album hab ich auch, ich lernte die Musik durch eine Clique kennen, wo ich kurz dabei), Eloy schenkte mir eine gute ForeverTime-Freundin. Dann folgt die Wand auf der Schrank-Seite, beginnend mit GESELLSCHAFTSSPIELE/BERNIE´s AUTOBAHNBAND und BESS DEMNÄHX/BAP. Mit Bernie und seinen Jungs hab ich in der Alten Feuerwache Mannheim nach dem Konzert dort backstage einen gesoffen, die Autogramme sind "als Beweis" drauf. BAP sah ich ca 3 Jahre nach diesem Livealbum, leider ca 2 Jahre zu früh um "Bahnhofskino" live zu hören: Wie ne Schneeflock im August... In den 80ern war BAP unschlagbar. Daneben sind angepinnt UNDER A BLOOD RED SKY/U 2, ZENYATTA MONDATTA/THE POLICE, LOVE DRIVE/SCORPIONS. U 2 sah ich damals live als energetische Rockband vor der "Messiastime von Bono, The Police waren Anfang der 1980er mein "Heiligtum", The Platinum Trio, großartiges Album! Waren jahrelang meine Nr. 1. Mit diesem ScorpionsAlbum wurde ich 1980 Sonntag morgens bei einem Kumpel nach durchzechter Nacht vom kleinen Bruder lautstark geweckt, und der Mann hatte Jahrhundertboxen.... Das einzige Scorp-Album das durchgehend geil ist. An der gleichen Wand FIRST TIME/GRANDMASTER FLASH & THE FURIOUS FIVE, CRIME OF THE CENTURY/SUPERTRAMP, TEA FOR A TILLERMAN/CAT STEVENS. Auf dem GrandmasterAlbum ist der Rapsong des Jahrtausends und Vorbild vieler HipHop-Nachfolger: "The Message". Mit einem Kumpel in KL hörte ich damals als einer der Ersten in K-Town mit diesen Songs Rap: New York New York, Big City Again... Auf der Supertramp sind Progrock-Jahrhundertsongs: "School", "Hide In Your Shell"... Eines der perfekten "Kulturrock"-Alben und auf einer Ebene mit Progrock-Eliten wie Yes, Genesis, Pink Floyd... Das Stevens-Album empfahl mir ein Kumpel, der mit ins Plattengeschäft ging. Da empfahl er mir auch die Ypsilan In A Malaysian Pale von Edgar Froese. Sehr gute Tipps -auch wenn ich wegen anderer Platten reinging, lach.Seitlich an der Doppelfensterwand zur Hauptstraße, hängen die RUMOURS/FLEETWOOD MAC, II/LED ZEPPELIN, ON STAGE/RAINBOW und die Single "Hot Stuff"/Donna Summer. Die Rumours ist vielleicht das beste Pop-Album aller Zeiten. Bis zur "Thriller" von Jacko war es auch das meistverkaufte Album aller Zeiten. 1977 lief es überall in KL (neben der "Frampton Comes Alive" und "Saturday Night Fever", beide auch zu den meistverkauften Alben ever gehörend). Das Led

Zep-Album ist stellvertretend, ich sag nur, seht Euch den besten Konzertfilm aller Zeiten an: The Song Remains The Same! 1976 erschienen, 1973 im New Yorker Madison Square Garden gefilmt. Es zeigt den puren Rock, wie ich in der Performance Rock verstehe. Das Zusammenspiel zwischen Plant und Page - das gibts heute nicht mehr bei all dem uniformierten Alternative Rock-Geschrammel. Das Rainbow-Livealbum lebt vom Duo Ronnie James Dio (DIE Hardrock-Stimme!) und Ritchie Blackmore. Ja, und die Donna Summer-Single steht für meine seligen Disco-Zeiten: das Trocadero oder Old Vienna in KL, das Rabennest in Weilerbach, das Why Not in Mayen, das MASH in Landau, lang ist es her... Dann biegen wir wandmäßig ab und sehen als Erstes die HOUNDS OF LOVE/KATE BUSH, sie ist seit ihrem Debut 1978 meine Lieblingssängerin, she is the one :-D <3 Dann: HIGHWAY TO HELL/ACDC, BROTHERS IN ARMS/DIRE STRAITS, RED SKIES OVER PARADISE/ FISCHER Z. AC/DC und auch dieses Album hörte ich erstmals beim Bund 1979 - bei den Bundkumpels vom "Gremium" (Insider wird der Name was sagen...), und Bon Scott ist der einzig wahre AC/DC-Sänger! Die Brothers ist wieder so ein perfektes Album, der Soundtrack der 80er, das Titelstück brilliert z.B. in einer Miami Vice-Episode, oft mit 2 Kumpels an Nachmittagen gehört. Das Cover der Red Skies wurde im Flash in KL grandios an die Wand gezeichnet. Da traten Fischer Z nämlich auf und das Konzert war genial! An der gleichen Wand über dem Musikbücher-Regal 3 Meilensteine der Gerd Steinkoenig-Sammlung: A NIGHT AT THE OPERA/QUEEN, DARK SIDE OF THE MOON/PINK FLOYD, "WEIßE ALBUM"/THE BEATLES! All Ihr "Radio Ga Ga"-Hörer, zieht Euch dieses Queen-Album rein, was Brian May da an der Gitarre abliefert ist einmalig, auf dem Cover stand sogar extra: No Synthesisers! Und 8 Jahre später kommt Radio Ga Ga, wäääh... Die Dark Side ist für alle Zeiten mein Lieblingsalbum!!! Zu viel Privates verbindet mich mit "Time", "Money" oder "Us And Them". Kennengelernt hab ich die Musik in der Handelsschule. Der ErsatzEnglischlehrer spielte Time vor und verteilte den Text, den übersetzen wir und sprachen über die Philosophie der Worte. DAS ist Schulunterricht! - waren halt die coolen 70er... Am gleichen Tag kaufte ich das Album... Noch früher in meiner Vinylsammlung war das Weiße Album, mein zweites Lieblingsalbum für alle Zeiten! Die Songs sind für mich zeitlos, es gibt mir immer wieder das Gefühl, sie erstmals zu hören. All die Genres auf einem Album: "Lady Madonna", "While My Guitar Gently Weeps", "Happiness Is A Warm Gun", "Helter Skelter"... Und unter dem BeatlesGeniestreich befindet sich noch das LIKE A PRAYER/MADONNA-Album. Ein großartiges Stück Pop. Besser als ihr heutiger Trash... Neben dem Fenster rechts noch an der gleichen Wand zwei schwarze Klassiker: CELEBRATE/KOOL & THE GANG und GREATEST HITS/IKE & TINA TURNER. Kool ist einfach Gute Laune-Party und Tina Turner singt hier SCHWARZ und nicht den weißen Private Dancer-Pop (gefällt mir auch, aber da singt sie halt schwarz...). Jetzt sind wir wieder an der ersten Wand und haben noch ein paar Covers bis zur Tür. HEAVY HORSES/JETHRO TULL, RUST NEVER SLEEPS/NEIL YOUNG, IN ROCK/DEEP PURPLE: Heavy Horses hab ich als Tull-Album ausgewählt, weil es an einen Kumpel aus der damaligen "Studenten"-Kneipe Smile erinnert - Smile Your Little Smile... Hab die Jungs 3mal live gesehen (auch ja: Pink Floyd hab ich 1988 live gesehen, Maimarktgelände Mannheim), u.a. bei einem Open Air in Wiesbaden zusammen mit Neil Young (den ich wiederum gerade 2 oder 3 Wochen vorher schonmal live sehen durfte). Mein Lieblingsalbum von Neil ist die "Harvest", die Rust Never Sleeps ist aber gleichbedeutend. Da ist der Song drauf, wo Kurt Cobain, na Ihr wisst schon... Neil Young ist einer meiner Seelenverwandten! Erinnere mich gerade an eine alte Freundin, wie sie im Auto immer "Comes A Time" sang... Tjaaa, und die In Rock, hörte ich erstmals in besagter Handelsschule, bei der OriginalEnglischlehrerin, die wollte uns zwar Jazz einflößen, aber da hatten die richtigen Jungs die richtigen Rockplatten dabei und so lauschten wir in der Schule "Child In Time". DP kannte ich schon früher ("Made In Japan"), aber dieses Album hörte ich da komplett zum Erstenmal. Der nächste Schwung:DARKNESS ON THE EDGE OF TOWN/BRUCE SPRINGSTEEN, TRES CHIC/CHIC, WATCH/MANFRED MANN´s EARTHBAND: Die Darkness war mein erstes Boss-Album und ist für mich immer noch sein Bestes, Chic machen den perfekten PremiumLuxusDiscoBassSound ("I Want Your Love"!), die Watch ist wieder so ein perfektes 70er Progrock-Album ("California"). Und die letzten 4 angepinnten Vinylcovers: CAVERNA MAGICA/ANDREAS VOLLENWEIDER, LEGEND/BOB MARLEY, NINA HAGEN BAND, NURSERY CRYME/GENESIS. Die Caverna Magica ist entspannte Chillmusik mit einem Schweizer Harfisten, aufgenommen in einer Tropfsteinhöhle, total abgefahren.Auf der Legend sind die Marley-Klassiker (inkl "No Woman No Cry"), 1986 einer der Casetten die ich auf einer sogenannten Globetrotter-Tour dabei hatte... (die anderen 3 Casetten waren So/Peter Gabriel, Invisible Touch/Genesis, Black Celebration/Depeche Mode, weiß ich noch heute, was waren das legendäre 5 Wochen in Frankreich, Spanien...). Die Nina Hagen Band mit ihrem Debut waren damals die Sensation, noch nie dagewesene Texte, noch nie dagewesene Stimme (fällt mir eine andere Freundin ein, die "Der Spinner" so gut sang wie Nina...). Bleiben noch Genesis, meine Lieblingsband, 1976 Eckpfeiler meiner Plsattensammlung zusammen mit Pink Floyd und den Beatles, 1987 sah ich sie live in ihrer Popphase, den Prog holte ich z.T. nach bei den Konzerten von ex-Member Steve Hackett (1982) und ex-Member Peter Gabriel (1994 glaub ich, die legendäre Secret World-Tour in Mannheim). Bei Genesis fällt mir auch so einiges ein, war immer wieder Lebensbegleiter, fand immer wieder statt - und heute hab ich auf fb eine Genesis-Gruppe - die Zeiten ändern sich...

So hat jeder Mensch seine persönliche Musikstory. Mit all den Vinylalben, die durch diverse Umzüge in Mannheim genauso standen, wie in Frankfurt/M oder Schwedelbach, diversen KL-Wohnungen und jetzt in Annweiler... Mit all den CDs, Musikbüchern, Musikheften, Erinnerungen, Gefühlen, Querverbindungen, Kopf, Herz, Bauch, Soundtrack des Lebens. Und nichts ist für die Ewigkeit, um die Hosen zu zitieren. Wer kennt 2125 Andreas Vollenweider? Wer kennt ihn überhaupt heute? Überlebt das positive Gefühl für Musik, Töne, Eins werden mit Statement, Text, Melodie. Songs und Alben als Haustiere, die das Leben begleiten. Überleben nur Elvis, die Beatles, Stones oder Jacko mit einer Handvoll Songs, weil es irgendwann keine Tonträger mehr gibt und die Alcorythmen im Computer oder Smartphone nichts anderes hergeben? Natürlich fehlen an der Wand, logisch! Kraftwerk, Saturday Night Fever, Sade (das Album "Diamond Life" gehört zu meinen All Time-Faves), Boston oder Udo Lindenberg, Nena, Velvet Underground & Nico, Stevie Wonder usw hätten genauso ihren Platz haben können. Aber Platz ist das Stichwort, es gibt nur einen Bestimmten :-D Da fällt mir ein, ein Cover hab ich noch: im Gang über den CD-Regalen hängt ein K-Tel-Sampler - POP EXPLOSION von 1975 mit The Sweet, Bay City Rollers, Albert Hammond, mit den Hits jener Tage...

VOR 50 JAHREN... (27. Jan. 2017)

Ein Rolling Stone-Heft ist immer automatisch eine jeweilige Story of Rock-Version, Beispiel Ausgabe 268 (Februar 2017):

Es gibt ein Special mit den 70 besten Debutalben. Als Anlass wurden 4 Alben erwähnt, die 2017 50 Jahre alt werden - The Velvet Underground & Nico, Are You Experienced (The Jimi Hendrix Experience), The Piper At The Gates Of Down (Pink Floyd), The Doors, auch allesamt Debutalben... Bestimmt wird es 2017 eine Rolling Stone-Ausgabe geben mit dem Album, das die LP als Medium zur Kunst erhob: die Sgt. Pepper von den Beatles, jährt sich ebenfalls zum 50. mal! Seit Jahren gibt es De Luxe-Versionen und nochmal specialVersionen mit unveröffentlichten Songs, Alternativve Tracks und was weiß ich zu all den runden Geburtstagen: 40 Jahre In Rock (Deep Purple, 2010), 20 Jahre Nevermind (Nirvana, 2012), 40 Jahre die legendäre Untitled von Led Zeppelin (2011), die Liste ließe sich "ewig" fortsetzen. Und so findet sich im Heft allerlei Rockhistory: sei es ein neues Album des 83jährigen Bluesers John Mayall, ein Bericht über Neil Young zu seinem neuen Album Peace Trail, ein Rückblick auf George Michael, ein Ausblick auf die 40jährige Jubiläumstour von Tom Petty & The Heartbreakers und und... Und in der Debutalbum-Liste finden sich fortwährende Lebensbegleiter wie Appetite For Destruction (Guns n Roses), The Kick Inside (Kate Bush), Blue Lines (Massive Attack).... Und der Rolling Stone selbst hat ja auch Jubiläum: 50 Jahre ist es her, das Jann Wenner das amerikanische Original in San Francisco gründete (Seite 58/59 in jener Ausgabe 268 des Deutschen Ablegers). Auszug aus dem Aufsatz zum Doors-Album: DAS Doors-Stück wird allerdings immer LIGHT MY FIRE bleiben, das erstaunlicherweise komplett von Robby Krieger stammt.... Jetzt zählt nur noch die Sehnsucht, das Begehren, die Unbedingtheit - bis die Liebe zu einem Scheiterhaufen wird, was immer das bedeutet. (Seite 53 im RS 2/17)

VOR 50 JAHREN... (31. Jan. 2017) - 2. Version

Nicht nur Zeit, Gefühle, Taten sind relativ, auch die Musik... Als Individium, dessen Geschmack sich im Laufe der Jahre ändert: als Teenager war mein Background natürlich ein anderer, wie mit 25, 32, 43 oder jetzt mit 57... Freilich verläuft ein roter Geschmacksfaden, aber z.B. in den letzten Jahren entdeckte ich Musik aus früheren Jahrzehnten, die ich damals nicht kannte oder nicht beachtete. Als Teenager wiederum nahm ich alles auf, was zu hören war: entdecken, Musikhorizonte erweitern. Andere Menschen in meinem Alter hören wiederum ganz andere Musik, vielleicht früher mit 14 die Bravo-Charts, in den 30ern auf Vanessa Mae oder Nigel Kennedy umgeschwenkt und jetzt halt Willkommen bei Carmen Nebel... Oder Menschen mit 57 haben ihr musikalisches Niveau erhöht und hören, nachdem bis in die 90er U 2 oder Tori Amos gelauscht wurde, nun Klassik und Jazz, von Beethoven bis John Coltrane - zur Entspannung David Garrett... Man denke an Menschen aus anderen

Umlaufbahnen: Ein 17jähriger steht heute wahrscheinlich auf Alternative Rock oder Deutscher Hip Hop. Aus Eltern´s oder gar Großeltern´s Radio mögen Töne von den Stones oder Led Zeppelin an sein Ohr gelangen, aber kann ein 17jähriger den Zeitgeist, den Lebensflow einfangen? Kann der Erwachsene den Musikflow des Jugendlichen checken? Unabhängig vom Musikgeschmack: jaaa! Je nach Charakter, Einfühlungsvermögen, Erinnern an die eigene Musik mit 17... Umgekehrt versteht ein heute 80jähriger die Welt nicht mehr, wenn er die "Moderne" Musik hört, wobei modern auch schon 50er Elvis ist... Muss aber nicht sein, Rockmusik ist so zum Allgemeingut geworden, das es 2017 musikalisch coole Alte gibt - die Stones gibt´s schließlich weit über 50 Jahre - und ich schwör: eines Tages läuft im Seniorenheim "Satisfaction" - in 20 Jahren bin ich 77...


ZEIT

Stoisch steht das Haus und widersteht Gezeiten und Stürmen, genießt Sonnenschein und Vogelgezwitscher

Die Hauswand ist nach 115 Jahren verwittert, stolz steht am Türbogen 1897

Kaiserzeit, Anstand und Kinderzüchtigung waren im Hausinneren

Später wurden im Haus Andersdenkende vor dem Staatsmord versteckt

Neue Bäume und Sträucher wachsen vor dem Haus, im Hinterhof tollen die Kinder

Das Haus sieht Wirtschaftswunder, APO, neue Moden

Die Fenster blicken auf die glückliche Mutter mit dem Nachwuchs, die vor Kurzem selbst noch Nachwuchs war

Und welche Melodien an die Wände schallten: La-Le-Lu von Heinz Rühmann, später Glenn Miller

Dann hörte der Bruder die Stones, die Schwester die Beatles...

Das Haus könnte ein Buch über die Menschen schreiben

Deren Verhalten, die Beeinflussung durch Suggestion von Medien und Staat

Gesellschaftswandel, Zeitenwandel, neue unsichtbare Gesetze, neue Zeitgeister

Doch das Haus steht weiter stoisch und ist neugierig auf zukünftige Dinge


Gerd Steinkoenig 21. April 2012

## ZEITLOSE SCHÖNHEIT...

GERD STEINKOENIG·DIENSTAG, 10. JANUAR 20172 Mal gelesen

Jede Dekade, jede Generation hat seine Musik. Jeder Mensch verbindet individuell Gefühle, Erlebnisse, Erinnerungen an bestimmte Songs, Alben oder Bands/Künstler. Und anders wie bei Beethoven, Bach, Mozart, Schubert und Co ist noch nicht abzusehen, ob Klassiker der Rock- und Popmusik - auch Klassiker aus Jazz, Swing, Blues... (John Lee Hooker oder Miles Davis oder B.B. King... - die Zeiten überleben. Sicherlich, zumindest eine Randnotiz werden in 200 Jahren die kommerzell ganz Großen wie The Beatles, Elvis Presley oder Michael Jackson haben. Aber werden die Genres, die qualititativ hochwertigen Alben in Zukunft richtig einzuordnen sein, wird man sich an die "richtige" Musik "erinnern? Ich, der in den 70ern des 20. Jahrhunderts musikalisch sozialisiert wurde, kann sich nicht vorstellen, das es ein Leben ohne Shine On Your Crazy Diamond, Time oder Comfortably Numb (Pink Floyd), ein Leben ohne Supper´s Ready, Blood On The Rooftops oder Firth Of Fifth (Genesis), ein Leben ohne Stairway To Heaven oder Kashmir (Led Zeppelin), oder Gimme Shelter (Rolling Stones), Highway Star (Deep Purple), Hammer Horror (Kate Bush), David Bowie, Neil Young, Bob Marley, Sade, U 2, Police und und und, ohne Telegraph Road (Dire Straits) geben kann. Lach :-D Zeitlose Schönheiten, zeitlose Musik! Hey Hey My My The Rock n Roll Can Never Die... Aber mir scheint, der Rock stirbt. Austauschbare "Alternative Rock"-Bands und die alten Metalheroes ala Iron Maiden oder AC/DC oder die 70er/80er-Musiker von U 2 bis Neil Young oder Bruce Springsteen füllen heute das Rock-Genre. Wo sind die neuen Impulse, die neuen Helden, die neuen Musikideen? Gilt Rockmusik in 200 Jahren als Geschichtsdekade des 20. Jahrhunderts ab der 50er/60er Jahre, die Anfang des 21. Jahrhunderts endete? Schon oft behauptete ich, die Use Your Illussion Pt 1 and 2 von Guns n Roses (1991) war der Abgesang des klassischen, guten alten Rock... November Rain... Heute zementieren die Stones ihre eigene Legende (durchaus gut, das Bluesalbum von 2016 ist klasse), Bob Dylan kriegt den Literaturnobelpreis und Metallica machen auf ihrem neuen Album so, als wären sie noch die Alten, dabei ist es Abklatsch. Selbst Helden "neuer" Rockmusik der 90er wie R.E.M. oder Oasis existieren nicht mehr. Aber zur eigentlichen Ausgangsfrage: Kann in 200 Jahren überhaupt nachvollzogen werden, wie die Feelings, Hörgewohnheiten, Zeitgeister, Zeitmoden, In-Genres, In-Bands in den jeweiligen Momentums waren? Wer kann schon in 200 Jahren verstehen, das Frank Zappa kein Scharlatan war und seiner Zeit voraus? Wer kapiert, was die Pink Floyd-Alben The Wall oder The Dark Side Of The Moon bedeuteten? Und vorallem: das nicht automatisch der Nr. 1-Hit Another Brick In The Wall genannt wird - eigentlich der schlechteste Song von The Wall... Oder was die Texte von The Dark Side mit dem Lebensgefühl, mit der Seele jener Menschen des 20. Jahrhunderts machten? Viele Beispiele wären zu nennen, z.B. das das Beatles-Album "1" die großen Hits beinhaltet, aber nicht unbedingt die besten Songs. Oder Genesis: eher wird die kommerziell erfolgreichere Popphase der Band eine Fußnote sein - über die seligen Progrock-Jahre wird womöglich kein Wort geschrieben. Welch große Songs und Alben werden für immer aus den Augen der Menschheit verschwinden, weil es in 200 Jahren keiner checkt? Kennt in 200 Jahren noch jemand King Crimson??? Madonna ja - Sex Pistols nein?

If you're going to San Francisco

Be sure to wear

Some flowers in your hair

If you're going to San Francisco

You're gonna meet

Some gentle people there

(San Francisco/Scott McKenzie)

Dame der Morgendämmerung

Du hast mir meine schlafenden Augen geöffnet

Ich wusste nicht, dass ich geboren wurde

Aber ich mag dich wegen deines Körpers

und ich liebe dich, weil du weise bist

Ich bin dein Gefangener

Du bist meine Dame der Morgendämmerung

(Lady Of The Dawn/Mike Batt)


STORY OF ROCK - WIE NE SCHNEEFLOCK IM AUGUST   31. Januar 2017

Woman, take me in your arms

Rock your baby

Woman, take me in your arms

Rock your baby

(George McCrae 1974)


In diesem Buch fehlt noch eine "Story Of Rock". Solche Geschichten gestaltete ich schon öfter, zuerst 1983 - leider ist diese Geschichte verschollen. Die 44 empfehlenswerten LPs blieben von der Story übrig (siehe Kapitel).

1954/1955 kam es zum Urknall: Bill Haley mit seinem epochalen Rock Around The Clock (die Entstehung des Songs ist sehr schön im Rowohlt-Rocklexikon von Schmidt-Joos/Graves u.a. beschrieben), Chuck Berry als Komponist der größten Rock n Roll-Klassiker (die Stones, die Beatles, die Beach Boys, E.L.O...., von Rock n Roll Music bis Roll Over Beethoven - Heerscharen von Musikern performten seine Songs), Elvis Presley als erster Weltstar der neuen Musik für die Jugend: Heartbreak Hotel. Little Richard (Tutti Frutti)und die Everly Brothers, Jerry Lee Lewis und die Platters, Duane Eddy und Gene Vincent, Eddie Cochran, und natürlich Buddy Holly! Über diese Zeit möchte ich ein grandioses Buch empfehlen: "Rock n Roll" von Arnold Shaw (siehe Kapitel "Musik zum Lesen").

Der Rock n Roll rutschte in eine tiefe Krise, löste sich quasi auf, speziell der Payola-Skandal (Bestechung von DJs und Radiostationen - heute wohl eher normal....) rüttelte an der ersten Jugendmusik, die Aufstand gegen die Erwachsenenwelt bedeutete und die junge Klientel als ernstzunehmende Konsumenten verstand, als Geldquelle. Produzent Phil Spector mit seiner "Wall of Sound" (Be My Baby/Ronettes) war ein kreativer Impuls, ansonsten schien die neue Musik nur eine Modeerscheinung zu sein.

Da kamen 4 Jungs aus Liverpool und erfanden das Gerüst der Popmusik, die bis heute nachhallt. The Beatles! Da kam ein junger Folkmusiker namens Robert Zimmermann, der sich Bob Dylan nannte und prosaische Texte über Amerika, Lebensgefühl, Gesellschaft in die Musik einbrachte. Da waren die Beach Boys, die mit dem Album Pet Sounds der Steigbügelhalter für die epochalen Beatles-Alben wie die Sgt. Pepper wurden. Die Jugendmusik - damals war es noch Jugendmusik, wer konnte damals schon ahnen, das "langhaarige Affen" die Musik zum weltumspannenden Allgemeingut machen sollten, das Musiker wie Paul McCartney oder Elton John zum "Sir" geschlagen werden würden, das Rockmusiker vor den US-Präsidenten spielen würden - setzte zur endgültigen Siegesfahrt an. Die Rolling Stones, The Who, Kinks, Hollies, Animals, Yardbirds, Cream, Dusty Springfield, Procol Harum u.v.a. aus Großbritannien (mit dem Oberbegriff "Beat"), die Byrds, Doors, Jimi Hendrix, Janis Joplin, The Grateful Dead, Frank Zappa, The Monkees, The Mamas & The Papas, Simon & Garfunkel u.v.a. aus den USA definierten den Soundtrack der 60er. Jeff Beck brillierte mit Rod Stewart auf Truth. Das Musicals Hair (1967)und später Jesus Christ Superstar (1971)eroberten die Welt. Die Essener Songtage (1968) waren die Geburtsstunde eigenständiger Deutscher Rockmusik. In Zeiten des gesellschaftlichen Umbruchs, von Rassenunruhen und Vietnamkrieg, kristallisierten sich mit Idealismus und Experimentierfreudigkeit die Grundpfeiler der Rockmusik heraus. Summer Of Love 1967, Woodstock 1969 - aber auch Altamont 1969: bei diesem Free Concert der Stones verlor die Rockmusik ihre Unschuld, die Love & Peace-Generation landete in der harten Realität: der ermordete Farbige durch die Ordner Hell´s Angels beendete den Traum einer Welt ohne Krieg und mit nur Liebe. Auch der Film Easy Rider war im Endeffekt ein Abgesang auf die Hippie-Ära. Die Schwarzen emanzipierten sich in den 60ern mit Aretha Franklin und Sam Cooke, Motown-Sound (Supremes, Temptations) und Ray Charles...

Und gleich 1970 erschien das schwarze Emanzipationshighlight What´s Going On von Marvin

Gaye. Die Musik verästelte sich in immer mehr Genres: Enstanden in den 60ern z.B. Psychodelic Rock, Jazz Rock, Country Rock oder Soul, setzte sich Anfang der 70er der Hardrock durch mit Deep Purple (In Rock!), Led Zeppelin (IV!), Black Sabbath (Paranoid!). Der Glam Rock erreichte ein breites Publikum mit David Bowie (The Rise And Fall of Ziggy Stardust...), Roxy Music, T. Rex oder The Sweet. War in den 50ern und 60ern Rock und Pop schon immer Jugendmusik, spezialisierte sich nun eine Teenmusik-Szene heraus: Neben The Sweet oder T. Rex gehörten zu den Ersten David Cassidy, Suzi Quatro, Slade oder die Bay City Rollers - sozusagen die Wegebener für Take That oder Britney Spears... Der DiscoSound kreirte sich durch Strömungen wie The Sound of Philadelphia (K.C. & The Sunshine Band, George McCrae) oder den Munich Sound (Donna Summer, Silver Convention). Der Film Saturday Night Fever brachte die Welle zum Höhepunkt. Das Genre "Pop" wurde durch Abba neu definiert. Die Schweden hatten in den 70ern einen Einfluss auf den Pop, wie in den 60ern die Beatles auf den Rock (und Pop...). Zu empfehlen: The Album. Ein ganz besonderes Genre war der sogenannte Progrock, damals oft auch Kulturrock genannt: Bands wie Genesis, Pink Floyd, Yes, King Crimson, Emerson Lake & Palmer, Rare Bird, Supertramp verfeinerten mit filigranen Solis (besonders Gitarre, Keyboard), teilweise überlangen Songs, Tempowechseln, musique concrete-Einlagen, surrealistischen Texten usw. den Sound und zeigten, das Rockmusik künstlerische Substanz aufweist: von The Dark Side Of The Moon bis The Lamb Lies Down On Broadway, von Close To The Edge bis In The Wake Of Poseidon! Darüber gibt es ein interessantes Zitat - kleine Aufgabe für den geneigten Leser: findet es in den 2 Kapiteln von "Emotionen eines Moments"... - was dann im gewissen Sinne zum Punk führte. Schluss mit dem Bombast, zurück zum Einfachen. Und so zeigten die Sex Pistols oder die Ramones, wie man mit 3 Akkorden an der Gitarre - statt 5 Minuten Solis - Unsterblichkeit erreicht. Reaggae aus Jamaika setzte sich in den 70ern weltweit durch: Bob Marley, Peter Tosh, Desmond Dekker... Bruce Springsteen und Neil Young waren in der Tradition von Dylan, was die Texte betraf, das Ohr Amerikas und der Lebensmomente (Darkness On The Edge Of Town einerseits, Harvest andererseits). Soul und Funk mit Isaac Hayes, Curtis Mayfield oder George Clinton offenbarten schwarze Musik in Vollendung. Es waren so viele in den 70ern: Fleetwood Mac (mit ihrem legendären Rumours-Album), Chic, Jethro Tull, Krautrock (Can, Kraftwerk, Eloy, Tangerine Dream, Neu, Amon Düül II...), Scorpions, Smokie, Carly Simon, Meat Loaf (Bat Out Of Hell), Peter Frampton, Iggy Pop (Lust For Life-Album), Mothers Finest, Bob Seger (Night Moves), Steve Miller Band, Little Feat, Diana Ross (Upside Down), Stevie Wonder (Songs In The Key Of Life-Album), Uriah Heep (Live January 1973-Album), The Police, Clash, Queen mit ihrer Bohemian Rhapsody, die Eagles mit ihrem Welcome To The Hotel California und und und... Nicht zu vergessen die famose Kate Bush mit ihrem 1978er Debut-Album The Kick Inside! Das Treiben jener Zeit - auch den Beginn der 80er - ist schön in den Rock Session Büchern nachzuvollziehen.

Die 80er waren grob überschlagen ein Popjahrzehnt. Video Killed The Radio Star durch MTV! Aus dem Punk und der New Wave differenzierten sich z.B. die New Romantics heraus (Duran Duran, Spandau Ballet, Visage), die Eurythmics verfeinerten den Popsound und vorallem die großen 3 des Superpop machten die 80er zu ihrem Jahrzehnt: Michael Jackson (Thriller!), Prince (Purple Rain!), Madonna (Like A Virgin!). Tears For Fears schlugen die

Brücke zu den Beatles (The Seeds Of Love-Album), Sade erfand den Jazz Pop (Diamond Life), Depeche Mode machten aus Einstürzende Neubauten-Sound Mainstream Pop, die Pet Shop Boys erschufen das Popmonument West End Girls. Der Rap setzte sich durch, vorallem mit Grandmaster Flash & The Furious Five. MC Hammer oder Ice T folgten. Die Rockmusik wandelte sich zum Stadionrock, aus Hardrock wurde Metal (Metallica, Guns n Roses, Motörhead, Iron Maiden, AC/DC), die Yesterday Heroes wurden zu Selbstverständlichkeiten allgemeiner Musik: Paul McCartney oder Bruce Springsteen, die Rolling Stones oder Eric Clapton. Die 3 großen Rockbands der 80er waren The Police (Zenyatta Mondatta!), U 2 (The Joshua Tree!), Dire Straits (Brothers In Arms!). Genesis mutierten von einer Progrock zu einer Popband. Peter Gabriel und Paul Simon hatten afrikanische Musiker auf ihren Alben. Nach dem Krautrock, dem Entstenen der nationalen Rocksprache durch Udo Lindenberg und der Nina Hagen Band, dem Politrock der Ton Steine Scherben in den deutschmusikalischen 70ern, verästelte sich in den 80ern deutsche Musik zu immer mehr Genres. Nach Munich Sound oder Boney M in den 70ern, erneuerte sich deutsche Disco- und Popmusik in den 80ern mit Sandra, Alphaville oder den Rainbirds. Nach der NDW mit Nena, Trio, Spliff oder Ideal, waren neben "Lindi", Marius Müller-Westernhagen, BAP, Herbert Grönemeyer und Peter Maffay die Deutschrock-Marktführer. Dazu kam der Spaßpunk der Ärzte und den Toten Hosen. 1985 veranstaltete Bob Geldof (mittlerweile auch ein "Sir"...) das Live Aid-Spektakel, gleichzeitig in London und Philadelphia, zugunsten der hungernden Menschen in Afrika, das bis dato größte Festival aller Zeiten. Das Konzert wurde live im TV übertragen und auf der Gästeliste standen z.B. Queen, Status Quo, Mick Jagger & Tina Turner, Dire Straits feat. Sting, Phil Collins, Madonna.... 1988 wurde ein Konzert für die Freilassung von Nelson Mandela veranstaltet (Tracy Chapman sang immer in den Umbaupausen und das war ihr Durchbruch...) - relativ kurze Zeit später war Mandela frei. Keine Ahnung, ob es am Konzert lag... Auch in den 80ern: Toto mit Africa, Foreigner mit Urgent, Terence Trent D´Arby, Lisa Stansfield, Yello, Janet Jackson....

Die 90er definierten sich mit dem Wort "Spaßgesellschaft", dementsprechend war der Soundtrack mit Chartsrennern von Snap, Dr. Alban, 2Unlimited... Nach Abba in den 70ern und Roxette in den 80ern, spie Schweden auch in den 90ern ein Popjuwel aus: Ace of Base (All That She Wants). Die Loveparade in Berlin war sowas wie das Woodstock der 90er: Love and Peace! Allerdings standen keine politischen Botschaften dahinter, sondern es hieß ganz offiziell: Friede, Freude, Eierkuchen. Bis zu 1 Million Menschen tanzten zu Sven Väth, Marusha oder Westbam. One World, One Future! Aus Rap wurde Hip Hop und verdrängte kommerziell den Rock - mein 90er Hip Hop-Hero: 2 Pac. Arrested Development mischten Hip Hop mit Soul, Funk, Rock, Reaggae. Ende der 90er disste sich Eminem an die Spitze. Massive Attack beeindruckten mit sphärischen Trip Hop (Blue Lines-Album). Portishead chillten melancholisch auf dem Album Dummy. Der Rock erfand sich durch den Grunge aus Seattle neu und Kurt Cobain mit Nirvana und Nevermind war der Messias. Pearl Jam, Soundgarden, Soul Asylum waren weitere Karohemdträger - und Neil Young mutierte zum Godfather of Grunge. R.E.M. hatten ihren verdienten Durchbruch (Out Of Time-Album), die Red Hot Chili Peppers erfanden den Crossover, Oasis und Blur kämpften um die Brit Pop-Krone und Guns n Roses kreirten gekonnt mit ihren 2 Doppelalben Use Your Illussion I & II den Schwanengesang des klassischen, alten Rock: November Rain...

Und das ist der Punkt, wo ich aufhöre, mit dem Schwanengesang durch die Gewehren und Rosen. Es ist ein passender Augenblick, speziell aus meiner Sicht, denn es kommt hinzu: ich liebe auch die Musik des 21. Jahrhunderts, von Adele bis Coldplay bis Porcupine Tree bis Rihanna oder viele Tracks aus dem Deutschen Hip Hop - aber auch ich verliere im Alter den Überblick, mittlerweile so viele Genres und Abzweigungen, die Ahnung reicht nicht für einen Story of Rock-Abschnitt für die Jahre 2010-2017. Freilich sind diese Jahre im Buch vertreten, z.B. in den Alben-Kapiteln :-D Rock und Pop war seit spätestens den 70ern natürlich ein Geschäft. Aber spätestens in den 2000ern übernahmen Buchhalter die Plattenfirmen, msuikalische Kreativität ist unwichtig, nur der Erfolg zählt. In Zeiten des Downloads sappeln die Plattenfirmen - sind eh nur noch wenige Großkonzerne - jedem Cent hinterher. Manche Bands von damals könnten womöglich heute gar nicht mehr groß werden. Dafür werden viele heutige Bands durch das Internet groß - und die Plattenfirmen kommen zu ihnen! Dies war ein Abriss des 20. Jahrhunderts der Rock- und Popmusik, wo natüüürlich viele Namen fehlen... Da fallen mir gerade spontan ein, Alan Parsons Projekt, No Doubt oder Fischer Z, James Brown, Johnny Cash oder Midnight Oil oder Aerosmith, Rush, Patti Smith Group, Earth Wind & Fire, En Vogue, Gloria Gaynor, Simple Minds, Commodores, The Fugees, Spirit, Quicksilver Messenger Service, Creedence Clearwater Revival, Cat Stevens, Randy Newman, Radiohead, Spice Girls oder Santana, Joni Mitchell, Blue Öyster Cult, The Band, Fats Domino, Alice Cooper, Miles Davis, Kim Wilde, Cheap Trick, Beyonce, Travis..., die Namensliste ließe sich beliebig verlängern - von The Weight (The Band) bis Because The Night (Patti Smith Group)... Zu erwähnen sind auch The Carpenters, total unterschätzt, aber welch Stimme von Karen Carpenter: Close To You! Die RockPopCountryFolkHipHopDancePunkSoulBluesJazzReaggaeWorldTechnoSwingMetalProg UndSonstigeMusik des 20. Jahrhunderts ist ein unerschöpflicher Quell an Sounds, Tönen, Gefühlen, Texten, Lebenseinstellungen, Inspirationen, Momentums, Zeitgeistern, Evergreens, Urschreien, Melancholie, Seele, Revolution, was auch immer! Eine Menge Künstler hätte in jedem Jahrzehntabschnitt genannt werden können, David Bowie oder Eric Clapton seit den 60ern. Heutige Künstler schufen ihre Musik unter dem Einfluss früherer Jahrzehnte, die Rockmusik erneuert sich immer wieder selbst. Trotz heutiger Industrienormen bleibt zu hoffen, das niveauvolle Musik - egal ob Rock, Pop, Metal oder Hip Hop - auf Dauer überlebt bzw. nicht in einer Nische verkümmert. Wie ich irgendwo im Buch schrieb: selbst im über 1000seitigen Rocklexikon fehlen wichtige Leute... Ich merkte es beim Verfassen dieses Buches: ein Musiker taucht z.B. nur im Kapitel SONGS auf, ein anderer Musiker nur hier in der STORY OF ROCK, lach :-D In diesem Kapitel wird von R.E.M. die Out Of Time genannt, in einem anderen Kapitel die Automatic For The People. Aber dieses "Buchchaos" ist gewollt. Mehr über die Beatles in diesem Buch in 2 Kapitel, mehr über Genesis im Kapitel "Mad Man Moon", mehr Songs und Alben und Musiker in diversen Kapiteln - einfach schmökern.

Testen Sie Ihr Musikwissen:

1) Welche Band hatte nacheinander 3 der wichtigsten Gittaristen der Geschichte in ihrem

Line Up? Nennen Sie die 3 Gittaristen! Aus jener Band entstand Led Zeppelin...

2) Wie heißt und wer war der Vater von Kim Wilde?

3) Nennen Sie innerhalb von 30 Sekunden so viele Beatles-Songs wie möglich! Yesterday darf nicht vorkommen - kennt ja jeder...

4) An welchem epochalen Pink Floyd-Album arbeitete Alan Parsons mit?

5) Aus welcher Süßigkeit besteht die Armee in Herbert Grönemeyer's Song Kinder an die Macht?

6) In welchem Pop-Chor sang in den 70ern Jürgen Drews?

7) Wie heißen chronologisch die 3 Sänger von Genesis?

8) Wer produzierte A Horse With No Name von der Band America?

9) Nenne 5 Acts, die einen Vertrag bei der legendären Plattenfirma Motown hatten?

10) Welchen Steve haben die Spencer Davis Group und Traffic gemeinsam?

11) Welcher Superstar tanzte 1979 noch unbekannt bei Patrick Hernandez (Born To Be Alive)?

12) Wie heißt Jimi Hendrix mit vollständigem Namen?

NICHT zu gewinnen gibt es bei allen richtigen Lösungen ein Vinyl-Paket mit den 44 empfehlenswerten LPs von 1983 des Autors. Bei 11 bis 9 richtigen Antworten gibt es NICHT das wegweisende Album OK Computer von Radiohead. Ha ha ha, ein bisschen Spaß muss sein :-D

Aus der Wikipedia 500 besten Alben aller Zeiten (Rolling Stone)

Die US-Liste

Die ersten Zehn

    Sgt. Pepper's Lonely Hearts Club Band, The Beatles

    Pet Sounds, The Beach Boys

    Revolver, The Beatles

    Highway 61 Revisited, Bob Dylan

    Rubber Soul, The Beatles

    What's Going On, Marvin Gaye

    Exile on Main St., The Rolling Stones

London Calling, The Clash

Blonde on Blonde, Bob Dylan

The Beatles, The Beatles


NACHWORT

VIELEN DANK AN

all denen, die ich zitiert oder erwähnt habe, wie Rolling Stone, Musikexpress, Rocklexikon, Wikipedia, The Beatles Songbook, Golyr.de, Rowohlt-Verlag, Eclipsed u.a. Merci!!!

Und so ist überall bei mir was zu finden... Was hätte ich von Led Zeppelin? Im CD-Regal sind einige Tonträger, z.B. die Mothership oder die How The West Was Won, beim Vinyl hätte ich z.B. die Led Zeppelin II und auf usb-Stick findet sich auch Material. Zum Lesen gibt es auch genug Stoff: im Rocklexikon oder in einem der eclipsed-ROCK-Bücher oder in diversen Musikheften usw - siehe "Musik zum Lesen"... Ach ja, The Song Remains The Same ist in meiner DVD-Sammlung, sehen kann ich sie also auch, lach ;-)

Weiß gar nicht, ich glaube Lena (Satelite) und Nicole (Ein bisschen Frieden) sollte ich noch erwähnen, waren schließlich Deutsche ESC-Sieger... Und weitere Zeiten-Fragmente fallen mir ein: Ende der 80er lag die LP am Sterbebett, nun gibt es MINT - ein Fachblatt extra für die aufstrebende Vinylkultur... Es gäbe weiterhin Themen, aber mein Ziel habe ich erreicht!

Und so kann man bei mir Stöbern nach allen Genres und Acts und Jahrzehnten. Das war schon immer mein roter Faden: Musik ohne Scheuklappen zu hören, ohne sich Genregrenzen zu setzen. Daher hörte ich z.B. in den 1970ern neben Genesis oder Pink Floyd oder Deep Purple oder Supertramp oder The Beatles, auch The Sweet oder Abba oder Smokie oder Bee Gees oder Donna Summer. Ich erkannte das Potential des Punk mit den Sex Pistols und später Anfang der 1980er entdeckte ich die "Poesie der Straße" (Bart Simpson), den Rap (Grandmaster Flash & The Furious Five). Damals hörte ich gerne so manchen Schlager, weil er qualitativ einfach gut war, ob von Udo Jürgens, Marianne Rosenberg, Juliane Werding oder Peter Maffay... Jaaa, der Peter, ist so ein Grenzfall, 1982 sah ich ein Konzert mit ihm, da war er voll der Rockstar, aber bei vielen Songs.... Mmh, vielleicht wird Maffay eines Tages Godfather of Schlagerrock genannt. Anders als heute mit dem erbärmlichen Schlagertechno ala Andrea Berg oder Helene Fischer, war Schlager der 60er und 70er hörbar.


Aber genug, ich hoffe, das ich der verehrten Leserin, dem verehrten Leser, die eine oder andere musikalische Inspiration mitgeben durfte, oder Ihr einfach nur einige Minuten positive Kurzweil hattet. Ihr macht/Sie machen nichts verkehrt, Konzert-DVDs zu sehen z.B.

die Secret World (Peter Gabriel), PULSE (Pink Floyd), When In Rome (Genesis), die 4 DVD-Box Live Aid 1985, Woodstock 1969 oder Live Rust (Neil Young) oder Üp - Live in Chicago (Shania Twain). Ihr macht nichts verkehrt, wenn Ihr meine Albumtipps Euch reinzieht, oder entdeckt Serienklassiker auf you tube von Kojak bis Columbo bis zu den Schimanski-Tatort-Filmen. Und wenn Ihr Alternative Rock ala The Strokes, Plastikpampe ala Modern Talking, oder Volkstümliche Musik ala Kastelruther Spatzen hört, ist es auch in Ordnung - "Jeder nach seiner Fasson", sagte schon Friedrich der Große. Hauptsache, Ihr habt Spaß, lebt positiv Euer Leben und glaubt an das Gute: All You Need Is Love, Give Peace A Chance!

MEIN LIEBLINGSSOUND IST VON SCHINKEN IN DER PFANNE (Waltzing Matilda-Sänger Tom Waits)

SPECIAL THANKS für die Inspirationen: Gott, Universum, meine Eltern, Mfls, Speedy, Guiseppa, Nik Cohn, Christina, Marina A., Marina B., Christine, Alexander H., Alexander W., Dorothea, Anne, Carola, Martina   :-D

BIER BIER BIER, BETT BETT BETT (Homer Simpson)

La le lu

Nur der Mann im Mond schaut zu

Wenn die kleinen Babys schlafen

Drum schlaf auch du

(Heinz Rühmann 1955)

Herstellung und Verlag:
BoD - Books on Demand, Norderstedt
ISBN 978-3-7431-1013-7